외국어 설교, 하면 된다

모든 인간은 하나님의 형상을 닮은 존엄한 존재입니다. 전 세계의 모든 사람들은 인종, 민족, 피부색, 문화, 언어에 관계없이 존귀합니다. 예영커뮤니케이션은 이러한 정신에 근거해 모든 인간이 존귀한 삶을 사는 데 필요한 지식과 문화를 예수 그리스도의 사랑으로 보급함으로써 우리가 속한 사회에 기여하고자 합니다.

외국어 설교, 하면 된다

초판 1쇄 찍은 날 · 2013년 6월 5일 | **초판 1쇄 펴낸 날** · 2013년 6월 10일
지은이 · 김동조 | **펴낸이** · 김승태
등록번호 · 제2-1349호(1992. 3. 31) | **펴낸 곳** · 예영커뮤니케이션
주소 · (136-825) 서울시 성북구 성북1동 179-56 | **홈페이지** www.jeyoung.com
출판사업부 · T. (02)766-8931 F. (02)766-8934 e-mail : jeyoung@chol.com
출판유통사업부 · T. (02)766-7912 F. (02)766-8934 e-mail : jeyoung@chol.com

Copyright ⓒ 2013, 김동조
ISBN 978-89-8350-843-0 (03230)

값 6,000원

이 도서의 국립중앙도서관 출판시도서목록(CIP)은 서지정보유통지원시스템 홈페이지(http://seoji.nl.go.kr)와 국가자료공동목록시스템(http://www.nl.go.kr/kolisnet)에서 이용하실 수 있습니다. (CIP 제어번호 : CIP2013007747)

외국어 설교, 하면 된다

해외집회를 위한 가이드북

김동조 지음

해외집회의 꿈을 이루는 과정을 지켜봐 주시고

끊임없이 격려해 주신

부모님께 이 책을 헌정한다.

저는 그동안 하나님의 인도로 도쿄, 호주, 미국, 볼리비아, 말레이시아, 싱가포르, 홍콩, 중국 등지에서 집회를 인도했습니다. 처음에는 영어로 설교하는 것이 부담되어 남편 조 목사와 영어로 대화를 연습하기도 했습니다. 돌이켜 보니 사람들 앞에서 수줍어서 우리말도 제대로 못했던 제가 여러 나라를 다니며 영어로 설교할 수 있게 된 것은 전적으로 하나님의 은혜였습니다.

한세대학교 총장을 역임한 지 어느새 10여 년이라는 세월이 흘렀습니다. 총장으로서 제가 느끼는 가장 큰 보람은 우리 대학을 졸업한 학생들이 전 세계에 나가 주의 일을 하는 것을 보는 것입니다.

아르헨티나에서 선교사역을 하는 김동조 목사는 한세대학교에서 신학 학부 과정과 대학원 과정을 모두 마친 한세인입니다. 이번에 그가 『외국어 설교, 하면 된다』라는 책을 집필했다는 소식에 기쁘게 추천사를 쓰게 되었습니다.

아무쪼록 이 책을 통해 우리나라의 더 많은 목회자와 신학생 그리고 평신도 지도자들이 외국어 설교를 할 수 있게 됨으로 전 세계의 복음화에 크게 기여하는 역사가 일어나기를 희망하며 이 책을 기쁜 마음으로 추천합니다.

한세대학교 총장

김성혜 박사

감사의 글

첫째, 아무런 목적 없이 사는 나를 불러 주시고 외국어 설교라는 흥분된 비전을 주신 하나님께 감사드린다.

둘째, 하나님에 대한 가르침을 주시고 해외집회 때마다 중보기도로 후원하시는 부모님, 김성길 목사님과 최순기 사모님께 감사드린다.

셋째, 책을 집필할 때마다 인용문을 사용할 수 있도록 허락해 주신 조용기 목사님과 추천사로 이 책이 더욱 더 빛날 수 있도록 배려해 주신 김성혜 총장님께 감사드린다.

넷째, 잦은 해외집회로 가정에 충실하지 못할 때에도 성실함으로 가족을 돌보고, 따뜻한 배려로 부족한 종을 늘 품어 주는 나의 아내 심은경 전도사에게도 감사의 마음을 전한다.

　다섯째, 우리 가족에 평안을 주는 수현(아나벨)이와 희락을 안겨다 주
는 주은(안토넬)이와 이 기쁨을 나누고 싶다.

　여섯째, 나의 해외사역을 적극적으로 후원해 주시는 모든 성도들에
게 감사드린다.

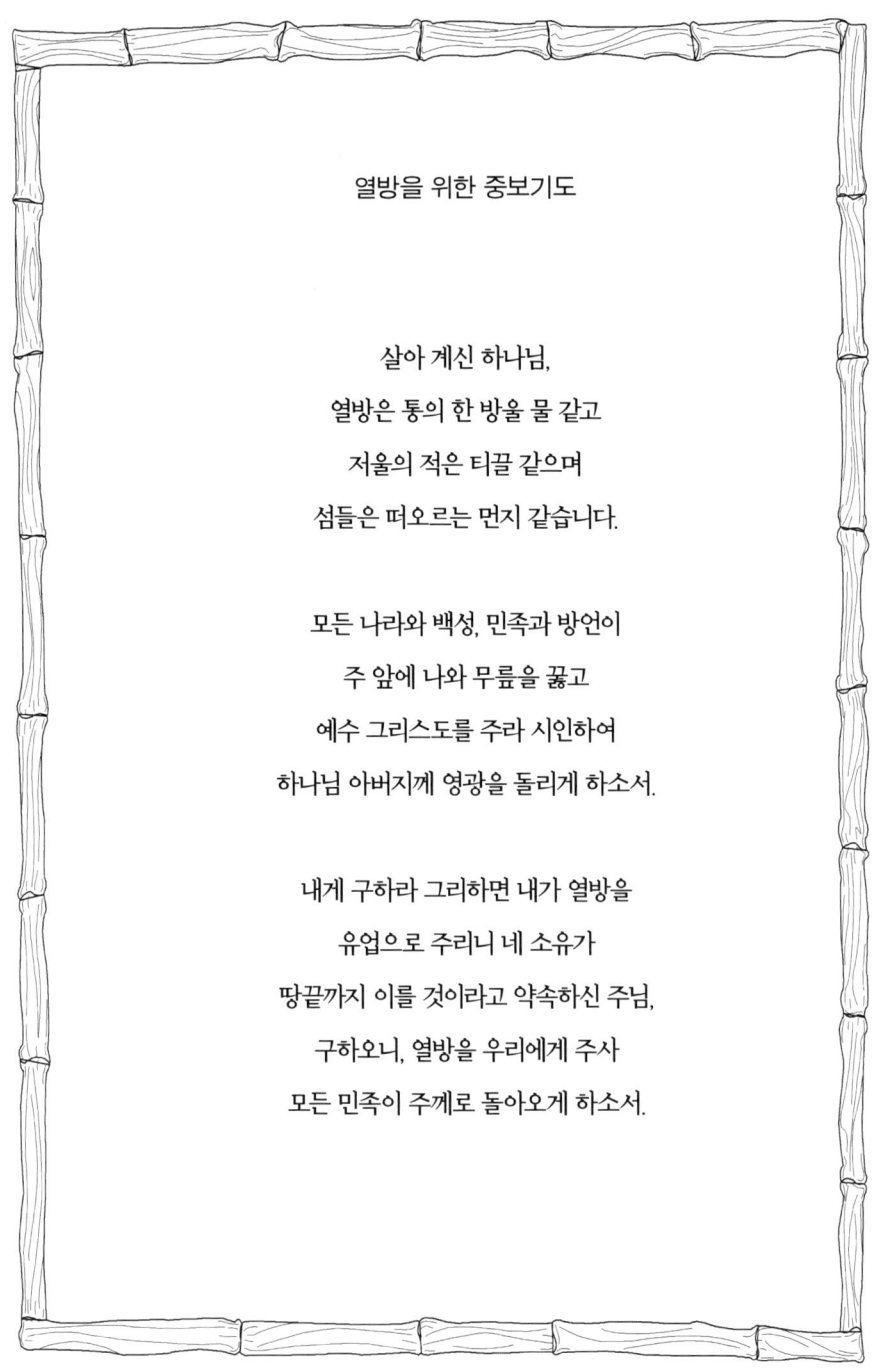

열방을 위한 중보기도

살아 계신 하나님,
열방은 통의 한 방울 물 같고
저울의 적은 티끌 같으며
섬들은 떠오르는 먼지 같습니다.

모든 나라와 백성, 민족과 방언이
주 앞에 나와 무릎을 꿇고
예수 그리스도를 주라 시인하여
하나님 아버지께 영광을 돌리게 하소서.

내게 구하라 그리하면 내가 열방을
유업으로 주리니 네 소유가
땅끝까지 이를 것이라고 약속하신 주님,
구하오니, 열방을 우리에게 주사
모든 민족이 주께로 돌아오게 하소서.

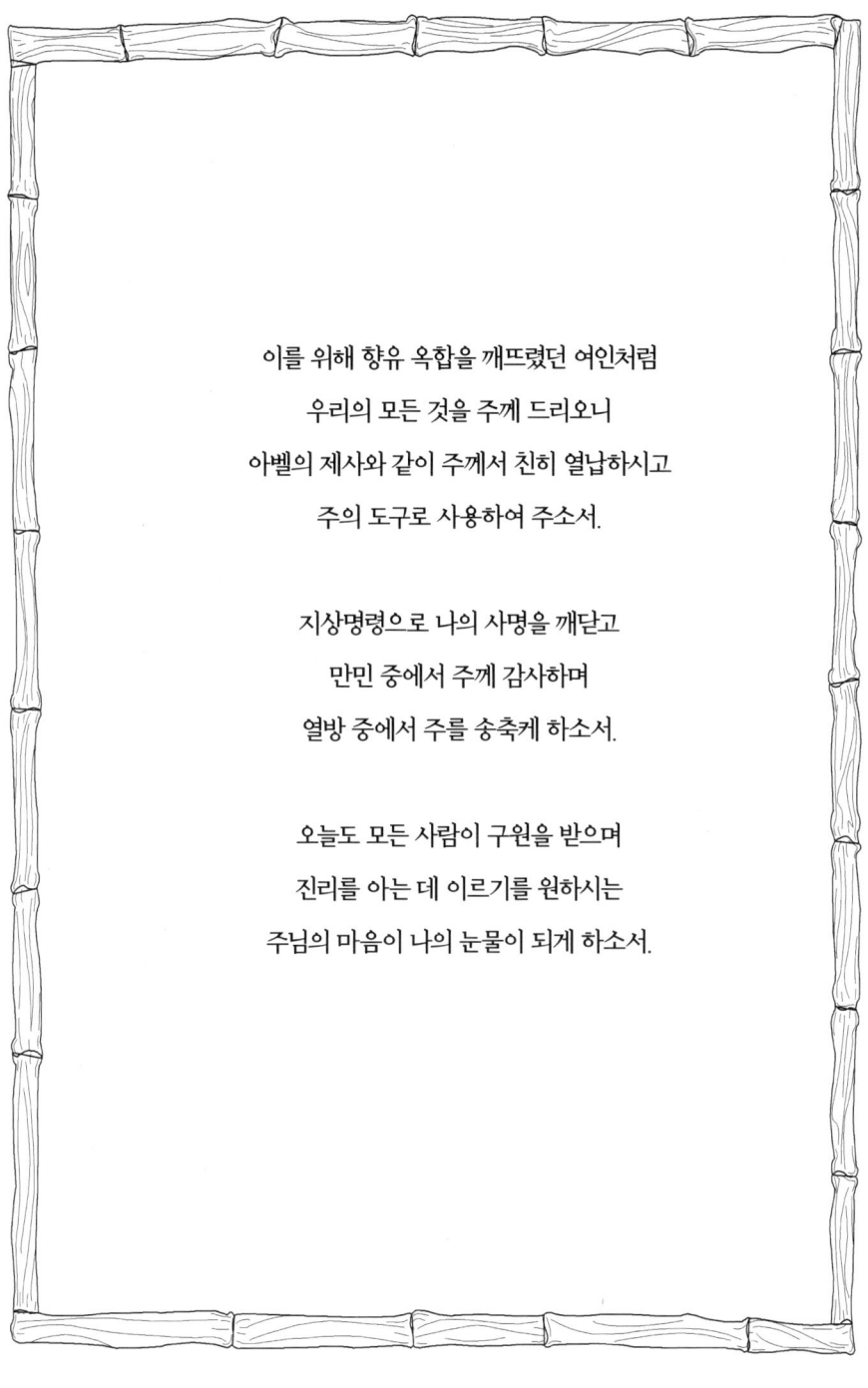

이를 위해 향유 옥합을 깨뜨렸던 여인처럼
우리의 모든 것을 주께 드리오니
아벨의 제사와 같이 주께서 친히 열납하시고
주의 도구로 사용하여 주소서.

지상명령으로 나의 사명을 깨닫고
만민 중에서 주께 감사하며
열방 중에서 주를 송축케 하소서.

오늘도 모든 사람이 구원을 받으며
진리를 아는 데 이르기를 원하시는
주님의 마음이 나의 눈물이 되게 하소서.

목차

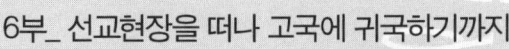

서문

지금은 시대가 많이 바뀌었습니다. 예전 같으면 수도권의 초대형 교회에만 해당되던 국제교류가 중소형 도시로 들어가면서 이에 대한 보편화 현상이 나타나고 있습니다. 이제는 대도시 중심으로 사역하지 않아도 국제적 감각을 갖지 않으면 안 되는 시대가 되었습니다.

하지만 이것은 오래 전부터 내려온 기독교의 정신이기도 합니다. 왜냐하면 예수님께서는 세계선교의 사명을 주시면서 "너희는 온 천하에 다니며 만민에게 복음을 전파하라"(막 16:15)고 말씀하셨기 때문에 우리는 원하든 원치 않든 세계를 무대로 사역해야 합니다.

오래전부터 감리교의 창시자 존 웨슬리(John Wesley)는 "세계는 나의 교구다"라고 외쳤습니다. 우리나라에서 해외집회를 가장 많이 하신 분으로 알려진 조용기 목사님도 "지금은 무엇을 해도 전 세계를 무대로 삼고 생각해야 한다"고 역설하신 바 있습니다.

그래서 생긴 말이 글로컬(Glocal)입니다. 이는 글로벌(Global)과 로컬(Lo-cal)이라는 말의 합성어 아닌 합성어로서, 21세기를 선도하는 사업가는 평범한 동네의 주부들을 상대하면서도 세계적인 안목을 가지고 있어야 함을 의미하는 것입니다. 그런데 오늘날의 교회가 바로 이런 모습으로 변화되었습니다.

과거의 세계선교는 머나먼 선교현장에 나가서 사역하는 선교사들의 몫이었습니다. 최소한 우리는 늘 그렇게 생각해 왔습니다. 그러나 단기선교가 기하급수적으로 늘어난 포스트모던 시대에 와서는 국내에서 사역하는 목회자는 말할 것도 없고 일반평신도 역시 막강한 선교 동력이 되어 지금의 세계선교는 우리 모두의 과제가 되었습니다. 풀러신학대학원의 찰스 밴 엥겐(Charles Van Engen) 교수는 100년 전의 선교모델을 좁은 흙길에, 50년 전의 선교모델을 2차선 도로에, 21세기의 선교모델을 여러 차선의 하이웨이에 비유한 바 있습니다. 포스트모던 시대의 선교는 그만큼 다양해졌습니다.

저 역시 해외선교현장에 있지만, 하나의 개교회를 목양하는 목회자이지 전문 부흥강사는 아닙니다. 그러나 국제화 시대를 맞이하여 본 교회에서 목회를 성실하게 하면서 1년에 최소한 1회라도 해외에 나가 복음을 전해 본 경험이 없는 목회자는 거의 없을 것입니다. 이것이 최근에 일어나고 있는 선교의 커다란 변화입니다. 이런 의미에서 국경이 점점 무너지고 있는 이 시대에 세계선교는 민주화 시대를 맞이하게 되었습니다. 즉, 당신이 전문인 선교사가 아니고 평범한 목회자나 평신도 지도자라 할지라도 세계선교를 얼마든지 할 수 있다는 이야기입니다.

그런데 해외에 나가 복음을 전하는 데 있어서 가장 중요한 것은 현지의 언어로 설교하는 일입니다. 한마디로 표현하자면 외국어 설교라고 할 수 있습니다. 이것이 가장 큰 핸디캡이기도 합니다. 게다가 일반 목회자들은 전문적인 부흥강사가 아니기 때문에 때로는 국제무대에서 어떻게 행동해야 할지 모르는 경우가 허다합니다. 그러므로 이 책은 세계선교를 꿈꾸는 당신에게 좋은 가이드 역할을 할 것입니다.

일반서점에 가 보면, 관광 관련 책들이 쏟아져 나오고 있습니다. 그런데 최근에는 점점 이론적인 것보다 실제적인 것을 다루고 있는 추세입니다. 다시 말해, 독자들은 더 이상 여행사나 인터넷을 통해 관광청에서 제공하는 정보보다는 그 어떤 경로를 통해서도 얻을 수 없는 실제적인 지침들을 얻기를 바란다는 것입니다. 이 책은 이런 추세를 반영했습니다.

전도사 시절에 첫 해외집회를 다녀왔는데, 벌써 10여 년이 지난 일입니다. 하나님께서는 지난 10여 년 동안 미국 동부와 서부의 대도시들, 그리고 중남미의 과테말라, 코스타리카, 콜롬비아, 페루 그리고 아르헨티나에 이르기까지 생각지도 못한 곳에서 복음을 증거할 수 있는 은혜를 주셨습니다. 그동안의 세계선교의 경험을 바탕으로 딱딱한 이론이 아니라 현장에서 생생하게 얻은 실제적인 지침들을 전하고자 합니다. 그 때문에 이 책은 다소 주관적인 면모를 보일 수도 있습니다. 이 점을 너그럽게 양해해 주시기를 바랍니다. 제가 경험한 것이 전부일 수 없고, 해외사역은 오늘날 다양한 형태로 이루어지고 있기 때문에 주관적인 성향을 띨 수밖에 없는 것이 현실입니다. 그러나 최소한 이 책이 전하는 메시지는 수많은 해외사역자들이 이미 실천하고 있는 하나의 지침서와도 같은 자료임에는 틀림없습니다.

선교지에서 언젠가 어느 한 설교학 교수와 교제한 적이 있습니다. 설교학에 관심이 많은 저는 별 생각 없이 학부 과정에서는 어느 교재를 사용하느냐고 물었습니다. 그러자 그 교수가 환한 미소를 짓더니 이렇게 답했습니다.

"교재요? 우리는 그런 거 없어요. 실제적인 것을 다루거든요."

"실제적인 것이라니요?"

"이를 테면, 이런 거지요. '정전일 때 설교자로서 어떻게 대처해야 하는가?' 이론은 책을 통해서도 얼마든지 습득할 수 있으니 우리는 사역현장에서 일어나는 일들을 주로 다루고 있어요. 실제적으로 설교 도중에 조명을 다 끄고 설교를 해 보라고도 합니다."

저는 본래 이론을 좋아하는 사람이라 그런지 어리둥절해 입을 다물지 못했습니다. 실제적이어도 그렇게 실제적일 수는 없다는 생각 때문이었습니다. 그러나 사역의 경험이 쌓이면 쌓일수록 남는 것은 현장에 대한 실제적인 감각뿐이라는 것을 날로 실감합니다.

이 책은 어떻게 하면 외국어를 잘할 수 있는지에 대한 비결을 제시하지 않습니다. 그보다는 해외선교현장에서 외국인들을 대상으로 설교할 때 알아야 두어야 할 사항들을 정리한 일종의 가이드북이라고 할 수 있습니다.

　최근에는 통역사를 두고 해외선교를 하시는 분들도 있습니다. 그러나 외국인들과 직접 소통하는 현지의 언어로 하나님의 말씀을 전함으로써 수많은 영혼들의 심령을 울린다는 것은 상상만 해도 우리 설교자들의 마음을 두근거리게 만듭니다.

　이제는 넓은 곳으로 나아가십시오. 해외에 나가 마음껏 하나님의 말씀을 외치십시오. 외국어로 설교하십시오!

김동조 목사

제1부

성경적
기초

1장
세계를 무대로 사역하는 글로벌 시대

　선교가 변화하고 있습니다. 과거의 선교는 다시 고국에 돌아올 것을 기약하지 못한 채 가족과 함께 머나먼 여행을 떠나는 선교사들의 몫이었습니다. 브루스 올슨(Bruce Olsen)의 『밀림 속의 십자가』와 같은 선교고전을 보면, 당시 선교에 대한 전통적인 인식을 엿볼 수 있습니다.

　그러나 21세기를 살아가는 이들에게 있어 선교는 전혀 다른 개념으로 변화하고 있습니다. 과거에는 세계선교(World Evangelization)라는 개념이 확연히 드러나지 않는 하나의 유토피아 그 자체였습니다. 그러나 글로벌 현상으로 세계가 하나로 통합되고 있는 이 시대에 선교는 민주화 시대를 맞이하게 되었습니다. 21세기의 세계선교는 어느 한 카리스마 지도자와 같은 슈퍼스타를 통해서가 아닌, 오히려 평범한 신자들을 통해서 이루어질 전망입니다.

　이런 의미에서 불가능하게만 느껴지던 세계선교는 (인간의 힘과 노력으로는 불가능하기에) 할 수 없지만, 그러나 (주님께서 주신 사명이기에) 해야만 하는 것입니다.

　교회성장학자 에디 깁스(Eddie Gibbs)는 오래전부터 이런 변화를 내다봤습니다. 그의 책 『넥스트 처치』를 보면, 미래의 교회는 관료적 계층구조에서 사도적 네트워크로 발전할 것이라고 예고한 바 있습니다. 지금은 모든 것이 연결되어 있습니다. 그리고 가면 갈수록 더할 것입니다. 이제는 무엇을 하더라도 세계를 생각하지 않으면 안 되는 시대가 되었습니다.

　언젠가 미국 샌프란시스코에서 집회를 한 적이 있습니다. 평소에 건강 관리에 나름대로 신경을 쓴다고 하는 저는 호텔에서 짐을 풀자마자 헬스장으로 향했습니다. 그런데 러닝머신에 장착된 커다란 LCD 터치스크린에 다국어 기능이 있는 것을 보고 깜짝 놀랐습니다. 당연히 저는 한국어 옵션을 선택했습니다. 보십시오. 단순한 가전제품 하나라도 다국적 기업에서 생산하고 수십 개의 외국어 옵션을 제공한다는 것은 우리의 일상에 세계화(Globalization)가 얼마나 가까이 와 있는지를 실감하게 합니다. 최근 테블릿 시장을 선도하고 있는 애플(Apple)의 성공 비결은 하드웨어 자체에 세계 각국의 언어가 이미 내장되어 있다는 것입니다. 과거에는 하드웨어를 어느 한 언어로 설정하면 다른 나라 말을 인식하지 못했었는데, 지금은 그런 불편함이 사라지고 만 것입니다. 게다가 하드웨어가 어느 언어로 설정되어 있느냐에 따라 소프트웨어도 그 해당 언어를 자동적으로 인식한다는 것은 그만큼 세계가 점점 하나로 통합되고 있다는 징조이기도 합니다. 최소한 한글이 깨져서(?) 글을 읽지 못하는 일은 없게 되었으니 말입니다. 교회는 이런 흐름을 타서 세계선교에 힘써야 할 것입니다.

이제는 굳이 대도시에서 사역하지 않아도 국제적인 마인드를 갖지 않으면 안 되는 시대가 되었습니다. 미국 다음으로 선교사를 가장 많이 파송한 한국교회는 저마다 해외에 지교회를 두고 있습니다. 어쩌면 일반 목회자들이 세계선교에 눈을 뜨게 된 계기는 해외에 선교사를 파송하여 멘토링 차원에서 선교국을 방문하면서부터가 아니었나 하는 생각이 듭니다.

이러한 시대적 흐름 속에 인터넷의 활용은 대단히 중요합니다. 제가 아는 어느 한 목사님은 인터넷을 적극 활용하여 온라인상에서 집회를 하시는 것으로 큰 센세이션을 일으키셨습니다. 전통적으로 해외집회란 값비싼 항공료를 구입하여 장시간 여행을 하고 온갖 고생을 사서하며 탈진한 상태로 돌아오는 것이라고 생각하고 있었을 때, 이 목사님은 온라인상에서 전 세계의 성도들을 상대로 말씀을 증거하고 계셨던 것입니다.

사실 우리 기독교인들은 세계화가 21세기의 화두라기보다는 성경적 가치관이라는 것을 알고 있습니다. 왜냐하면 제자들에게 세계선교의 사명을 맡기시면서 예수님께서는 이미 "땅 끝(the end of the Earth)"이라는 글로벌 마인드를 심어 주셨기 때문입니다.

"오직 성령이 너희에게 임하시면 너희가 권능을 받고 예루살렘과 온 유대와 사마

리아와 땅 끝까지 이르러 내 증인이 되리라 하시니라"(행 1:8).

이 때문에 기독교 역사 속에서는 세계화를 예측할 수도 없던 시대에 세계를 품고 기도하는 중보의 용사들이 있었습니다. 이런 의미에서 선교사들을 통해 동북아에 서양문화가 들어왔다는 것은 우연의 일치가 아닙니다.

우리나라를 위해 일평생 중보기도로 섬겼다는 동유럽의 어느 한 할머니의 간증은 우리의 심령을 울리기도 합니다.

"한국을 어떻게 알게 되셨는지요?"

"기도하면서 알게 되었습니다."

"한국을 방문해 보신 적은 있으신지요?"

"아니요(Never). (수줍은 미소를 지으면서) 없는데요."

이와 같이 우리 믿는 자들에게 있어서 글로벌 마인드는 늘 존재해 왔습니다. 지금도 세계 곳곳에서 한국교회와 세계선교를 위해 중보하는 이들이 있습니다.

"내게 구하라 내가 이방 나라를 네 유업으로 주리니 네 소유가 땅끝까지 이르리로다"(시 2:8).

세계는 열려 있습니다. 그런데 해외에 나가신 분들이 이구동성으로 하는 말은 같습니다.

"우리나라 대통령 이름은 몰라도 조용기 목사님은 알더라."

실제로 우리나라에서 조용기 목사님처럼 해외집회를 많이 하신 분도 없을 것입니다. 여의도순복음교회의 공식자료에 따르면, 조 목사님은 지난 50년 동안 사역하시는 동안에 70개의 나라, 250개의 대도시에서 대규모 집회를 300회 정도 인도하셨습니다.

그렇다면 성도 수만 명이 모이는 전 세계의 초대형 교회가 우리나라에 다 운집해 있다 해도 과언이 아닌데, 왜 다른 목사님들은 그만큼 알려지지 않은 것일까요?

문제는 국제적 코드입니다.

결국 목회자는 설교로 말합니다. 목회자가 세계선교에 대한 마인드를 가지고 있는지 없는지를 판가름할 수 있는 기준은 설교입니다. 저는 조용기 목사님의 서적을 스페인어로 번역하는 사역을 담당하고 있습니다. 그런데 조 목사님의 설교는 어감이 굉장히 국제적인 성향을 띠고 있어 통역이나 번역하는 데 있어 굉장히 쉽습니다. 이는 다른 설교자들에게서 찾아볼 수 없는 특징입니다.

에너지 드링크(Energy Drink)가 서양에서 큰 인기를 얻지 못할 때 우리나라에서는 이미 많은 제약회사들이 각종 상품을 개발하여 시장에서 큰 수익을 올리고 있었습니다. 그런데 문제는 여전히 국제적 코드의 부재였습니다.

그러던 어느 날 오스트리아의 어느 한 사업가가 아시아를 방문하면서부터 에너지 드링크의 산업은 크게 변화를 겪게 되었습니다. 그는 아시아에서 아이디어를 얻어 본국으로 돌아가 서양인들의 입맛에 맞게 원료를 혼합하여 레드불(Red Bull)을 개발했는데, 이것이 전 세계적으로 큰 히트 상품으로 떠오르게 된 것입니다.

타우린(Taurine)을 포함한 같은 원료를 사용하는데, 왜 우리나라의 에너지 드링크는 알려지지 않은 반면에 "당신에게 날개를 달아준다"고 하는 레드불은 포뮬러원(Formula One)을 포함한 각종 스포츠 경기에서 스폰서로서 맹활약하고 있을까요?

한마디로, 국제적 코드 때문입니다.

국제적 코드를 갖추기 위한 최상의 방안은 외국어 설교입니다. 세계를 무대로 사역하는 글로벌 시대의 외국어 설교는 모든 목회자들이 갖추어야 할 필수요소가 되었습니다. 외국어 설교에 대한 아이디어는 조용기 목사님의 『나는 이렇게 설교한다』에서 얻었습니다. 수십 년 전에 발간된 책인데도 그때 이미 조 목사님께서는 외국어 설교를 위해 하나의 챕터를 할애하실 정도로 외국어 설교에 대한 중요성을 인식하고 계셨던 것입니다.

이제는 우리의 이야기를 외국어로 들려줄 때가 왔습니다. 세계교회

는 우리들의 이야기를 듣고 싶어 합니다. 한국교회는 세계에서 가장 급
성장한 교회로서 우리나라 설교자들은 경쟁력 있는 메시지를 지니고 있
습니다.

지금은 외국어 설교의 시대입니다.

2장
외국어 설교

외국어 설교가 무엇인지를 살펴보기 전에 먼저 설교(Preaching)를 정의할 필요가 있습니다. 일찍이 종교개혁자 마틴 루터(Martin Luther)는 세 종류의 말씀이 있다고 역설한 바 있습니다.

1. 그리스도(Christ)가 곧 말씀입니다.
2. 성경(Scripture)이 곧 말씀입니다.
3. 설교(Preaching)가 곧 말씀입니다.

즉, 우리에게 성육신 된 말씀 그리스도가 있고, 기록된 말씀 성경이 있으며, 선포된 말씀 설교가 있다는 것은 말씀사역의 신성한 면을 드러내고 있습니다. 한마디로 설교는 성경을 기초로 하여 예수 그리스도를 중심으로 하나님의 말씀을 증거하는 행위입니다.

외국어를 어느 정도 한다고 해서 외국인들을 대상으로 말하는 것(speech)과 외국어 실력이 좀 부족해도 하나님의 말씀을 가지고 설교하는 것(preach) 사이에는 하늘이 땅보다 높음같이 엄청난 차이가 있습니다.

글로벌 시대를 맞이하여 우리가 사역하는 대상이 때로는 외국인일 경우가 있습니다. 2010년 기준으로 우리나라에 거주하고 있는 외국인의 수가 120만 명을 넘어섰습니다. 서울에만 외국인 타운이 20곳이 된다고 합니다. 다시 말해, 세계가 이미 우리나라에 들어와 있는 것입니다. 이때에는 같은 설교지만, 그 메시지를 전달하는 언어라는 통로가 다른 나라 말로 바뀐다는 것이 특징입니다.

외국어 설교란, 외국인들을 대상으로 성경을 기초로 하여 예수 그리스도를 중심으로 하나님의 말씀을 외국어로 증거하는 행위입니다.

물론 외국어 설교의 중요성은 상황에 따라 다를 수도 있습니다. 미국이나 호주의 경우, 많은 설교자들이 해외에 나가 복음을 전하는 데 큰 어려움을 호소하지 않습니다. 왜냐하면 영어가 세계 공용어가 된 지 이미 오래 전이고, 가는 곳마다 영어로 설교를 하면 그에 따른 통역사를 섭외하는 것은 문제가 되지 않기 때문입니다.

그러나 우리나라의 사정은 다릅니다. 사방이 바다이기 때문에 해외로 진출하기 위해서는 항공기를 이용하지 않으면 안 됩니다. 게다가 우리나라 말은 영어나 불어, 혹은 스페인어와는 달리 우리나라에서만 쓸 수 있는 언어이기 때문에 외국어를 구사하지 않으면 당장 의사소통의 문제가 생깁니다. 우리나라의 목회자들에게 있어서 외국어 설교는 선택사항이 될 수 없는 이유 중의 하나입니다. 그러므로 세계를 무대로 사역하는 국제화 시대에 외국어 설교는 목회자가 갖추어야 할 기본자질이라고 할 수 있습니다.

어린 시절 저는 여러 목회자들이 북미나 유럽에서 집회를 인도하고 왔다는 말을 들을 때마다 '대단하신 분이시구나!' 하는 생각을 했습니다. 그러나 제가 생각해 왔던 것과는 달리 대부분의 목회자들이 해외에 있는 한인들을 대상으로 부흥회를 인도한다는 것을 알아차렸을 때는 실망 아닌 실망을 한 적이 있습니다.

해외에 있는 교포교회 역시 한국교회입니다. 물론 그들이 선교의 대상이 아니라는 말은 아닙니다. 전 세계의 흩어진 한인 디아스포라가 6백만 명이 훌쩍 넘어섰습니다. 그들은 진정한 애국자이며, 우리나라의 잠재력이기도 합니다. 이런 의미에서 최근에 우리나라 정부가 복수 국적을 허용했다는 것은 커다란 혜택이 아닐 수 없습니다. 게다가 각 나라의 이민역사가 깊어지면서 2-3세들 역시 선교의 대상이 되고 있습니다.

또한 믿음의 선배들이 사역한 시대는 글로벌 시대가 아니었습니다. 지금처럼 해외여행이 잦은 때가 아니었습니다. 교육의 한계도 있었던 시절입니다. 그러나 지금은 시대가 바뀌었습니다. 그러므로 글로벌 시대를 맞이하여 최소한 해외에 나가 복음을 전한다고 하면 외국어 설교는 기본입니다. 외국어는 곧 커뮤니케이션입니다.

국제적 마인드를 갖지 못한 우리나라의 일부 정치인들과 사업가들을 보십시오. 마케팅 차원에서 해외를 방문하지만 별다른 성과가 없습니다. 그 이유는 간단합니다. 바로 옆 스탠드에서는 외국인이 유창한 영어로 상품을 소개하는 데 반해 우리는 기껏 준비한 원고가 우리나라 말로 되어 있기 때문입니다. 통역하는 사람도 없습니다. 결국 그 스탠드 주변에 몰린 사람들은 그 회사와 관련된 직원들과 해외분교를 통해 행사에 초대받은 소수의 한국인 고객이 전부입니다. 아무리 품질 면에 있어서 우리나라 상품이 탁월하다고 하더라도 외국어로 그것을 소개할 능력이 없으면 성공 가능성은 현저히 떨어집니다.

물론 통역사를 섭외하는 것도 좋은 생각입니다. 그러나 통역사는 오랜 시간 교제를 나눈 믿음의 동역자가 아닐 경우 오히려 설교 전달의 걸림돌이 되는 경우가 많습니다. 그렇다면 어떤 걸림돌이 있을 수 있는지 한번 살펴볼까요?

1. 시간

설교라고 해서 시간이 무한하게 주어지는 것이 아니기 때문에 특히 장시간 여행 끝에 도착한 선교지라고 할 경우 설교자로서 시간을 허무하게 낭비하고 싶은 마음은 없을 것입니다. 이에 대한 어떤 연구가 있는 것은 아니지만, 통역사를 둘 경우 설교자는 실제 설교 시간의 50%도 활용하지 못합니다. 쉽게 말해, 1시간 설교할 시간에 최대 30분도 설교하지 못하게 되는 것입니다.

이러한 불편한 심정 때문에 때로는 설교자가 통역사의 말이 끝나기도 전에 말을 가로채 스스로 속도를 조절하는 경우가 있습니다. 그러나 청중은 설교자의 말을 알아듣지 못하기 때문에 설교자의 편에서는 조금이나마 일시적인 대책이 될 수는 있어도 막상 그 메시지를 듣는 청중은 설교자가 아닌 통역사에게서 듣기 때문에 오히려 불필요한 불편을 초래할 수 있습니다.

때로는 지구 반대편에서 말씀을 증거해야 하는 경우도 있는데, 통역사를 두었다는 이유 하나만으로 설교 시간이 반으로 줄어드는 것은 참으로 억울한 일입니다.

통역사역을 과소평가해서는 안 되겠지만, 할 수만 있다면 시간 절약을 위해서라도 직접 외국어로 설교하는 것이 좋습니다.

2. 간접성

통역사를 두고 설교할 때 또 다른 걸림돌은 간접성에 있습니다. 즉, 설교자가 분명히 강단에 서 있으면서도 있지 않은 묘한 상황이 연출됩니다. 특별히 통역이 원활하게 이루어지지 않을 때 잠시 나타나는 휴지(pause)는 몇 초에 불과하지만, 설교자와 청중 사이에 되돌이킬 수 없는 어색함을 초래합니다.

간접성은 시간적인 괴리에서 잘 나타납니다. 가령 설교자가 굉장히 우스운 이야기를 했는데 청중이 바로 웃음을 터뜨리지 않고 통역이 끝난 다음 '웃어준다(?)'는 것은 단순히 선교지에 있기 때문에 일어나는 일이라고 치부하기에는 너무나도 중요한 일입니다.

외국어 설교는 이런 점을 극복합니다. 직접 외국인 청중과 눈을 마주치면서 함께 웃고 함께 울며 호흡하는 설교는 상상만 해도 미소 짓게 합니다.

3. 이질감

통역사를 두고 설교할 경우에 청중은 모국어로 듣는 설교와는 달리 문화적 거리감을 두는 것이 사실입니다. 물론 먼 외국에서 왔다는 이유 하나만으로도 설교자는 호감을 살 수 있지만, 의사소통에 능숙하지 않을 경우 현지인들은 곧장 이질감을 느끼게 될 것입니다. 더욱이 외교적 마인드가 부족해 현지의 장점을 부각시키기에도 모자란 시간에 단점만을 끄집어낸다면, 이 같은 이질감은 오히려 적대감으로 변모할 수도 있습니다.

그러나 현지의 언어로 직접 설교를 할 경우에는 비록 외국인이긴 하지만, 자신들의 현실을 말하기 때문에 주의 깊게 듣습니다.

저는 스페인어로 설교하기 때문에 저의 주된 무대는 북미와 중남미입니다. 그런데 해외집회를 할 때 제가 항상 주의하는 것은 2인칭 복수보다는 1인칭 복수를 사용한다는 점입니다. 이를 테면, "남미 사람 여러분들은 참 열정적입니다"보다는 "우리 남미 사람들은 참 열정적입니다"라고 합니다. 이러한 표현이 훨씬 더 효과적입니다. 반응은 지체 없이 곧바로 나타납니다.

언어에는 뉘앙스라는 것이 있습니다. 같은 말을 해도 '아'가 다르고 '어'가 다른 것입니다. 외국어 설교를 하면, 단순히 외국어 설교의 원고를 외우는 차원을 넘어서서 자신의 메시지를 들을 청중의 입장에서 생각할 수 있다는 장점이 있습니다. 동역 설교와는 달리 외국어 설교는 메시지의 깊이가 다릅니다. 그들의 언어로 설교함으로써 그들과 마음이 하나 되는 것은 외국어 설교의 가장 큰 매력 중의 하나입니다.

외국인들에게 그들의 언어로 복음을 전한다는 것, 이것이 외국어 설교의 명제입니다. 예수님께서는 우리에게 "너희는 온 천하를 다니며 만민에게 복음을 전파하라"고 말씀하셨기 때문에 우리는 친근감 있는 그들의 언어로 설교해야 합니다.

3장
성경에 나타난 외국어 설교

외국어 설교의 시초는 하나님이십니다. 하나님은 사랑으로서 미움과 시기, 질투와 분노가 가득한 이 세상에 그리스도를 보내심으로써 우리가 알아들을 수 있는 언어로 십자가 사랑을 가르쳐주셨습니다.

"그가 세상에 계셨으며 세상은 그로 말미암아 지은 바 되었으되 세상이 그를 알지 못하였고 자기 땅에 오매 자기 백성이 영접하지 아니하였으나 영접하는 자 곧 그 이름을 믿는 자들에게는 하나님의 자녀가 되는 권세를 주셨으니"(요 1:10-12).

예수님께서 하늘의 모든 영광을 버리시고 육신을 입고 이 땅에 오셨다는 것은 인간이 알아들을 수 있는 언어로 아버지의 사랑을 전하셨다는 증거입니다.

성경은 90% 이상의 내용이 다문화적 배경을 가지고 있기 때문에 외국어 설교를 찾기란 어려운 일이 아닙니다. 물론 설교라고 하는 것이 성경 66권을 기초로 하기 때문에 성경인물에게서 설교를 찾을 수 없다는 설교학적인 관점에서 본다면, 성경에는 외국어 설교가 없다고 해야 할 것입니다.

그러나 그런 전문적인 지식을 잠시 접어두고, 성경에는 어떤 외국어 설교가 있는지 간략하게나마 살펴보겠습니다.

1. 모세

모세는 글로벌 인재의 모형입니다. 그는 생후 3개월 동안 어머니와 함께 있었습니다. 그리고 바로 왕의 딸이 목욕하러 하수로 내려갔다가 우연히 그를 물에서 건져 내어 아들로 삼았습니다. 그때부터 그는 이중교육을 받기 시작했습니다. 삯을 받고 젖을 먹였던 이는 다름 아닌 그의 어머니였기 때문에 요게벳은 틀림없이 히브리식 교육으로 어린 모세를 양육하였을 것입니다. 그러나 나머지 시간에는 애굽의 모든 교육을 받았어야만 했습니다. 결론적으로 말해, 그는 히브리어도 이집트말도 능숙하게 구사했습니다.

모세가 오경, 즉 창세기, 출애굽기, 레위기, 민수기, 신명기를 고대 히브리어로 기록했다는 점과 바로 왕 앞에 나가 "이스라엘의 하나님 여호와께서 이렇게 말씀하시기를 내 백성을 보내라 그러면 그들이 광야에서 내 앞에 절기를 지킬 것이니라 하셨나이다"(출 5:1)라는 메시지를 이집트 말로 전달했다는 것은 쉽게 추측할 수 있는 대목입니다.

2. 다니엘

다니엘은 바벨론 포로기를 배경으로 하고 있습니다. 당시 느부갓네살 왕은 유대의 유능한 인재들을 불러들여 왕궁에서 섬기도록 하였는데, 그중의 한 명이 바로 다니엘입니다. 그는 3년 동안 갈대아 사람의 학문과 방언을 배웠습니다(단 1:4). 그리고 그 기간 후 왕 앞에 나아갈 때에는 아람어로 소통해야만 했습니다(단 2:4).

다니엘은 장차 일어날 일들에 대한 예언을 아람어로 말했을 것입니다. 이런 맥락에서 볼 때 다니엘의 일부분, 즉 2장에서 7장까지의 내용이 히브리어가 아닌 당시 국제 공용어였던 아람어로 기록되어 있다는 것은 놀랍지 않은 사실입니다. 그러므로 다니엘이 히브리어와 아람어에 능통했음이 틀림없습니다.

구약성경은 다문화 배경입니다. 이스라엘은 압제의 역사입니다. 기원

전 922년에 이스라엘이 분단되면서부터 비극은 시작되었습니다. 722년에는 북왕국이 앗수르에 의해 멸망당했고, 587년에는 바벨론에 의해 멸망당했는데, 이는 언어에도 상당할 정도로 변화를 가져다주었습니다. 539년 이후에는 페르시아의 지배를 받았고, 333년부터는 그리스의 압제를 받았으며, 64년부터 예수님 탄생 당시까지는 로마가 이스라엘 영토에 군림하고 있었으므로 이스라엘에는 여러 나라 말이 통용되었습니다.

이런 의미에서 본다면, 성경인물들이 외국어를 구사했음은 물론 이방인들에게 외국어로 하나님을 알렸음을 알 수 있습니다.

3. 예수님

예수님 당시에는 정치적으로는 로마가, 문화적으로는 헬라가, 종교적으로는 유다가 영향력을 행사하는 삼중구조를 띠고 있었습니다.

당시에는 세 가지 언어가 통용되고 있었습니다. 물론 학자마다 견해가 조금씩 다르긴 하지만, 대체적으로 정리하면 다음과 같습니다.

히브리어

여기서 히브리어라 함은 고대 히브리어를 가리키는 문자언어입니다. 즉, 회당에서 읽는 히브리어로 된 성경이었던 것입니다. 누가복음 4장에 보면, 예수님께서 나사렛 회당에 들어가 이사야 61장을 읽으시는 장면이

묘사되어 있습니다. "주의 성령이 내게 임하셨으니 이는 가난한 자에게 복음을 전하게 하시려고 내게 기름을 부으시고 나를 보내사 포로된 자에게 자유를, 눈 먼 자에게 다시 보게 함을 전파하며 눌린 자를 자유롭게 하고 주의 은혜의 해를 전파하게 하려 하심이라"(눅 4:18-19). 그런데 예수님께서는 어느 언어로 구약의 말씀을 낭독하셨을까요? 의심의 여지없이 히브리어입니다. 단, 당시 히브리어는 바벨론 포로 이후 아람어와 상당할 정도로 혼합된 것으로 알려져 있으므로 전통적인 의미에서 순수 히브리어는 종교적 색채가 강했을 것으로 추측됩니다.

아람어

수리아어 또는 갈대아어로도 알려진 아람어는 포로기 시대 이후부터 유대인들의 일상 언어로 자리 잡게 되었습니다. 아람어의 역사가 족장에게로 거슬러 올라가는 점과 히브리어와 아람어가 한때 혼용되었다고 하는 점을 미루어 보아 아람어가 얼마나 중요했는지를 엿볼 수 있습니다(신 26:5; 왕하 18:26).

예수님 당시 히브리어가 종교적 언어라고 한다면, 아람어는 일상 언어였습니다. 우리에게 어느새 친숙해진 "에바다"(막 7:34), "아바 아버지"(막 14:36), "엘리 엘리 라마 사박다니"(마 27:46)는 전부 아람어입니다.

헬라어

헬라어는 신약성경에 기록된 언어입니다. "나는 알파와 오메가요"(계

22:13)와 같은 표현들이 헬라어입니다. 당시 헬라어는 일종의 세계 공용어로서 주로 상업적인 것과 관련되어 있었습니다. 예수님 당시 라틴어는 헬라어처럼 대중화되어 있지는 못했습니다. 그런 의미에서, 헬라어는 굉장히 중요한 언어라고 할 수 있습니다.

4. 바울

바울은 히브리 사람이었기 때문에 특별히 세계선교를 함에 있어서 헬라어에 능통했을 것입니다. 3차 선교여행을 마치고 예루살렘으로 돌아온 바울은 뜻하지 않는 박해에 시달렸습니다. 헬라인을 데리고 성전에 들어갔다는 이유로 결박을 당하고 폭행을 당했습니다.

상황의 심각성을 눈치 챈 천부장이 바울을 끌어내리려고 하자 바울이 헬라어로 "내가 당신에게 말할 수 있느냐?"(행 21:37)고 말했습니다. 천부장은 바울이 헬라어를 할 줄 안다는 사실에 몹시 놀란 눈치였습니다. 곧바로 바울은 자신에 대해 적대적인 유대인 회중들에게 히브리어로 말을 하기 시작했습니다. "그들이 그가 히브리 말로 말함을 듣고 더욱 조용한지라"(행 22:2).

이처럼 바울이 학문에 능한 사람이었다고 하는 것은 그가 외국어 설교를 능숙하게 했다는 것으로써 드러납니다.

외국어 설교는 성경에서도 얼마든지 찾을 수 있습니다. 지금과 같이 다문화적 배경의 글로벌 시대를 살아가는 우리들에게 외국어 설교는 더욱 필요한 사역이 되었습니다. "영어를 해야 크게 쓰임받을 수 있다"는 말이 맞습니다. 외국어 설교를 하면 준비된 만큼 귀하게 쓰임을 받습니다. 특히 성경에 나타난 믿음의 사람들이 외국어에 능통하여 이방인들에게 하나님을 증언했다는 것에 우리는 외국어 설교의 중요성을 다시 한 번 인식해야 할 것입니다.

4장
그래도 역시 통역 설교다

외국어 설교가 통역 설교의 간접성과 이질감을 극복시켜 커뮤니케이션의 극대화를 이루는 것은 틀림없는 사실이지만, 그렇다고 해서 지상에 있는 6천 개의 언어를 다 구사할 수 없는 노릇입니다. 따라서 외국어 설교의 중요성을 말해야 함에도 불구하고, 통역 설교를 과대평가할 수밖에 없는 것이 현실입니다.

물론 문명의 발달과 함께 다양한 동시통역 기계가 개발되겠지만, 지금과 같은 멀티미디어 시대에도 사람이 강단에 서서 단순히 말하는 일종의 스피치 형태로서의 설교가 자취를 감추지 않는 것을 보면, 통역 설교 역시 역사 속에서 사라질 가능성은 매우 희박하다고 생각합니다.

전 세계적으로 볼 때 가는 곳마다 대형집회를 개최한 부흥사들은 많지 않습니다. 그러나 지난 20세기 영적인 양대 산맥을 이룬 이들이 빌리 그래엄(Billy Graham) 목사님과 조용기 목사님(Dr. Cho)이라고 하는 데 이견을 제시할 이들은 많지 않을 것입니다.

그런데 유창한 영어와 일본어로 설교하시는 조 목사님께서 통역사를 섭외하실 때에는 굉장히 세심하게 사람을 선택하시고, 언어별로 검증된 통역사와 늘 함께 동행한다는 사실을 알아차릴 수 있습니다.

미국이나 호주와 같은 영어권에 가면 문제될 것이 없겠지만, 일부 아시아 지역과 남미에서는 영어로 직접 설교할 수는 없는 노릇입니다. 그럴 때에는 두 가지 대안이 있는데, 하나는 언어별로 한국인 통역사를 두어 어디에 가든 우리나라 말로 설교하는 것입니다. 그러나 대개의 경우, 영어를 기본으로 하고 제2외국어인 현지어를 능통하게 하는 각 언어에 따른 통역사를 섭외하는 것이 일반적입니다.

그 때문에 앞서 말한 문제점이 분명히 있음에도 불구하고, 통역 설교는 없어서는 안 될 필수사역입니다. 어떻게 보면, 통역 설교 역시 외국어 설교에서 파생된 것이 아닐까 하는 생각을 해 봅니다. 즉, 통역 강사가 자신 대신 외국어 설교를 해 준다거나, 아니면 통역사를 통해 자신이 외국어 설교를 한다고 생각하면 외국어 설교의 한 형태로서의 통역 설교에 대한 긍정적인 생각을 갖게 될 것입니다.

물론 직접 외국어로 설교할 것을 권장합니다. 그러나 통역사를 세우게 될 경우에는 다음과 같은 것을 주의하시기를 바랍니다. 통역 설교의 보다 자세한 내용은 저의 또 다른 책 『통역 설교 당신도 할 수 있다』(예영커뮤니케이션, 2010)를 참고하시기 바랍니다.

1. 검증된 통역사

해외사역의 경험이 많으신 분들은 이미 검증된 통역사를 항상 섭외하는 것을 볼 수 있습니다. 그 이유는 간단합니다. 메시지의 커뮤니케이션이 보장되기 때문입니다.

이런 의미에서 개인적으로 친분이 있는 사람이면 더욱 좋습니다. 강사가 어떤 사역을 하고 있으며 어떤 스타일의 설교를 하는지 이미 알고 있는 통역사는 메시지 그 자체 이상의 커뮤니케이션을 가능케 만들기 때문에 강사로서는 더 이상 요구할 것이 없습니다.

요즘 국내의 많은 목회자들이 해외집회를 다녀오는 이유는 선교사를 후원하고 있기 때문입니다. 다시 말해, 정기적으로 선교사역의 현장을 둘러보는 것에서 비롯된 것입니다. 상황이 이렇다면 문제는 간단하게 해결됩니다. 왜냐하면 주로 본 교회에서 파송한 선교사가 통역사의 역할을 하기 때문입니다.

그러나 그렇지 않을 경우에는 현지에서 사역하고 있는 선교사들을 통역 강사로 섭외하게 됩니다. 이때 주의해야 할 점은 통역사와 개인적인 친분이 없기 때문에 그만큼 세심한 배려와 인격적인 존중을 해야 함은 물론, 원고를 미리 넘겨야 한다는 것입니다.

가능한 한 같은 통역사를 쓰십시오. 통역 설교의 질이 보장되는 것은 매번 동일한 통역사와 동행하는 것에 있습니다. 최소한 해외에 나가 집회를 인도하실 계획이 있다면, 통역사를 구하는 것은 지나칠 수 없는 일 중의 하나입니다.

2. 원고

일단 검증된 통역사를 구했다면, 이제는 원고를 쓸 차례입니다. 대부분의 목회자들이 충분한 시간적 여유를 두고 원고를 통역사에게 건네지 않는 것을 흔히 볼 수 있습니다. 시간이 없는 것도 문제지만 별다른 이야기(?)를 하지 않을 것이라는 이유 때문입니다. 그러나 원고 없는 설교를 상상할 수 없듯이 원고 없는 통역 설교는 있을 수 없습니다.

제가 시무하고 있는 교회는 여러 현지인 교회를 개척했습니다. 그 때문에 본 교회에 주요행사가 있을 때마다 현지인 담임목회자들이 와서 자리를 빛내 주기도 합니다. 당시 강사 목사님께서 설교하실 때 현지인 지교회 목회자들을 위해 전도사님이 통역을 하셨는데, 역시 원고가 없었습니다.

강사 목사님께서는 구약의 제사법에 대해 말씀하셨습니다. 우리나라 말로는 특별히 번제니 소제니 화목제니 하는 것이 별로 어려운 용어가 아닐 수도 있습니다. 그러나 빠른 속도로 멈추지 않고 바로 통역을 해야 하는 사람에게 있어서 구약의 제사법을 다 알고 있으리라는 짐작은 불필요한 안심입니다. 또한 아무리 알고 있는 신학적 용어나 성경구절이라고 할지라도 순간적으로 생각이 나지 않아 애를 먹는 경우가 얼마나 많은지 모릅니다.

그러므로 원고를 쓸 때는 통역사를 배려하는 차원에서 원고를 써야 합니다. 특별히 문화적 요소가 지나치게 드러나는 이야기는 삼가는 것이 좋습니다. 그리고 인용할 모든 성경구절을 표기하십시오. 그러면 통역사는 미리 원고를 번역할 수 있다는 장점이 있습니다. 통역 강사에게도 원고가 있다는 사실을 아는 사람들은 많지 않습니다. 간단하게 말하자면, 통역 강사가 가지고 있는 원고는 강사의 원고와 같되 현지어로 번역된 것입니다.

3. 인격적 존중

통역의 질을 보장하기 위해서는 통역사를 인격적으로 존중해 주어야 합니다. 통역사를 두고 설교하는 것에 익숙한 목회자들이 하나같이 설교 도중에 통역사의 어깨를 살짝 치는 행위는 이런 맥락에서 이해할 수 있는 부분입니다.

사람들은 통역사의 말을 듣지 외국인 설교자의 말을 듣지 않습니다. 통역 설교에 따라 사람들이 은혜를 받는 것에 여부가 달려 있다는 사실을 아는 설교자라면, 결단코 통역사를 과소평가하지는 않을 것입니다.

저는 10여 년 동안 통역 강사로 수많은 집회에 섬겨 보았지만, 크게 쓰임받는 주의 종일수록 통역사를 그만큼 인격적으로 존중하고 배려한다는 점을 발견했습니다.

인격적으로 존중한다는 것은 금전적인 부분도 포함합니다. 모든 면에서 강사와 똑같은 접대를 할 수는 없어도 최소한 통역 강사에게 사례를 하는 것은 기본입니다.

어떻게 보면 통역 설교는 사역의 특성상 각광을 받지 못하는 사역이기 때문에 통역 설교의 질은 통역사보다는 통역사를 배려할 줄 아는 설교자에게 달려 있다고 해도 과언이 아닙니다.

제2부

—

꿈을 꾸는 것부터 현실이 되기까지

5장
나는 기도하면서 꿈만 꾸었다

신학 대학 시절에 선물로 받은 조용기 목사님의 영어 설교 테이프는 제 인생의 큰 전환점이 되었습니다. 학창 시절에 제가 주님을 위해 할 수 있는 일은 많지 않았습니다. 그저 기도하면서 꿈꾸는 일이 전부였습니다.

저는 그 테이프를 밤마다 청취했습니다. 취침 직전에 무엇인가를 듣는 것이 굉장히 효과적이라고 하는 것은 그때 처음 알게 되었습니다. 밤마다 듣다 보니 어느새 설교 전체를 거의 외워 버리는 수준이 되었습니다. 그뿐 아니라 수많은 군중들의 박수 소리는 마치 제가 강단에 선 느낌을 주기도 했습니다.

그러던 어느 날 그 테이프를 저에게 선물해 준 동기와 함께 캠퍼스를 향해 올라가고 있었는데, 서로 영어로 설교하는 시합 아닌 시합을 했습니다. 그 동기도 설교를 반복해서 들었기 때문인지 꽤나 유창했습니다. 그러면서 꿈을 꾸기 시작했습니다. 지금 생각해 보면 순진하기 짝이 없는 시간들이었지만, 하나님께서는 그런 마음을 기쁘게 받으셨나 봅니다.

그 이후로 저에게는 이상한 버릇 하나가 생겼습니다. 잠을 청하기 위해 밤마다 눈을 감을 때면 청중이 보이는 것이었습니다. 그리고 꿈에서 저는 수많은 사람들에게 외국어로 하나님의 말씀을 증거하고 있었습니다. 눈만 감으면 하나님의 말씀을 사모하는 청중이 보이니 눈물이 마를 시간이 없었습니다.

모든 사역이 그렇지만 외국어 설교는 특히 엄청난 기도의 양이 전제되어야 합니다. 기도하면 소원이 생기기 때문에 간절한 기도를 통해 큰 소원을 품어야 합니다.

그러면 우리는 어떻게 기도해야 할까요?

1. 구체적 기도

기도를 하되 구체적이면 구체적일수록 좋습니다. 세계선교를 위해 기도해도 지금 어느 대륙, 나라, 도시에 어떤 문제를 해결해 달라고 기도하는 것과 막연하게 세계평화를 달라고 기도하는 것은 중보자가 어떤 자세로 기도에 임하는지를 단적으로 보여 주는 예입니다. 존 녹스(John Knox)

는 "스코틀랜드를 내게 주시든지 아니면 죽음을 주소서"라고 기도했습니다. 오늘도 수많은 믿음의 사람들이 이렇게 외치고 있습니다.

"나에게 대한민국을 주옵소서!"

"나에게 중국을 주옵소서!"

"나에게 아시아를 주옵소서!"

"나에게 중동을 주옵소서!"

"나에게 아프리카를 주옵소서!"

목표가 분명하지 못하면 응답 여부도 알 길이 없기 때문에 외국어 설교도 분명한 목표를 놓고 기도해야 합니다. 제가 북미와 중남미를 중심으로 사역할 수 있었던 것은 학창 시절부터 이 대륙을 품고 기도했기 때문입니다.

그러나 현실은 생각보다 굉장히 냉정하기 때문에 열방을 구하는 것이 어떻게 보면 유토피아를 추구하는 것처럼 보일 때도 있습니다. 저 역시 그런 생각을 가지고 있었습니다. 해외사역을 펼친다는 생각이 왠지 손으로 바람을 움켜잡으려는 것처럼 허황된 꿈처럼 느껴질 때가 많았습니다. 그러던 어느 날 해외집회 도중 어느 한 외국인 친구가 책을 주면서 이런 축복의 글을 써주었습니다.

"사랑하는 친구, 나는 자네가 그리스도를 위해 이 땅의 많은 대륙을 정복

하기를 바라네."

처음에는 이런 생각이 스쳐 지나갔습니다. '이 친구 꿈도 참 크네.' 그러나 나중에 알고 보니 이는 극히 성경적인 생각이었습니다. 이 글은 저의 생각을 변화시켰습니다.

'성경에서도 열방을 구하라고 하지 않았던가?'
'예수님께서는 무지한 제자들에게 땅 끝까지 이르러 증인이 되라고 명하시지 않았는가?'
'나도 주님을 위해 큰 꿈을 꾸어야겠다.'

우리가 세계선교를 위해 구체적으로 기도하고 큰 꿈을 품는 것은 결코 허황된 일이 아닙니다. 지금부터 구체적으로 기도하십시오. 가능한 한 주의 성령께서 주시는 마음으로 어느 한 나라를 지목하여 구체적으로 기도하십시오. 그러면 하나님께서 당신을 통해 열방이 돌아오게 역사하실 것입니다.

2. 뜨거운 소원

세계를 품고 기도하는 것은 때로는 너무나도 막연하기 때문에 대부분의 사람들은 형식적으로 기도하고 그칠 가능성이 많습니다. 그러나 주의 성령께서 주시는 마음으로 기도하면 구체적인 기도와 함께 뜨거운 소원이 생기게 됩니다.

미 하나님의 성회의 데이비드(David) 교수님은 영성과 학문을 동시에 갖춘 탁월한 신약학자입니다. 그분은 선교사의 삶과는 거리가 먼 학자의 길을 걷고 계시는 분입니다. 그러나 그분은 아프리카의 어느 나라에 대한 선교적 마인드를 강하게 갖고 계신 분으로서 그 지명을 읽거나 듣기만 하더라도 지체 없이 어린아이처럼 눈물을 보이십니다.

"도저히 이해할 수 없습니다. 그러나 그 나라 이름만 들어도 내 가슴이 뭉클해지고 눈가에는 눈물이 고이며 그 민족의 영혼들을 향한 하나님의 아픈 가슴을 절실하게 느끼는 것은 어떤 이유 때문일까요? 강의 도중이라 도저히 울지 않으려고 해도 눈물이 자꾸 나오네요. 죄송합니다. 수업 계속하겠습니다."

선교에 대한 뜨거운 소원과 열정이 없는 사람이 외국어 설교를 하기란 거의 불가능합니다. 해외집회 자체가 처음에는 설렘으로 다가오지만, 시간이 점차 지나면서 장시간 여행하는 것이 피곤해지고 점차적으로 열정이 식어지기도 합니다. 또한 많은 사람들이 생각하는 것처럼 선교는 대개의 경우 선진국이 아니라 개발도상국을 포함한 제3세계에서 이루어지기 때문에 모든 면에서 불편을 감수해야 합니다. 해외는 가난합니다. 선교지의 환경은 열악합니다. 자신의 메시지를 듣기 위해 항상 수천 명의 사람들이 기다리고 있는 것도 아닙니다. 때로는 상상을 초월한 열악한 환경에서 몇 명 되지 않는 소수의 사람들에게 외국어 설교를 해야 하는 경우도 있습니다.

그러므로 외국어 설교를 준비함에 있어 무엇보다 뜨거운 소원을 품으십시오. 소원이 당신의 삶과 사역을 열방으로 이끌어 나갈 것입니다.

3. 과거형 믿음

기도할 때 무엇보다 중요한 것은 이미 받은 줄로 믿는 것입니다. 마가복음 11장 24절에 보면, "그러므로 내가 너희에게 말하노니 무엇이든지 기도하고 구하는 것은 받은 줄로 믿으라 그리하면 너희에게 그대로 되리라"는 말씀이 있습니다.

다른 번역본에 보면, "받을 줄로 믿으라", 즉 미래형으로 나타나 있기 때문에 저는 이 말씀이 본래 어떤 시제로 나타나 있는지가 궁금해졌습니다. 그러나 원문에도 과거형으로 나타나 있었습니다. 한마디로 받은 줄로 믿으라고 하는 것입니다.

외국어 설교를 위해 꿈꾸며 기도할 때 '이미 이루어진 줄로 믿는 것'과 '기도를 하긴 하지만 이루어질지 안 이루어질지 의심하는 것' 사이에는 엄청난 차이가 있습니다. 일단 이루어진 줄로 믿고 기도하는 사람은 그에 따른 노력을 합니다. 반면에 미래가 불확실하고 의심하는 사람은 외국어를 배우려고 노력도 하지 않습니다. 또한 이미 이루어진 줄로 믿고 기다리는 자는 실제로 그런 기회가 왔을 때 이미 준비가 완료된 상태이지만, 이루어질지 안 이루어질지를 모르는 사람은 준비가 되어 있지 않다는 이유 하나만으로 기회를 놓쳐 버리게 되는 것입니다.

그러므로 열방에 나가 복음을 증거하는 당신의 사역이 이미 이루어졌다고 생각하십시오. 그러면 우리 주님께서 말씀하신 것처럼 그대로 됩니다.

저는 외국어 설교와는 거리가 먼 사람이었습니다. 그러나 통역 강사로 섬기면서 세계적으로 크게 쓰임받는 주의 종들과 함께하는 시간이 많아지고, 또한 국내외 수많은 사람들 앞에 서게 되면서부터 그 꿈이 보다 가까이 왔음을 실감했습니다. 강사를 모시기 위해 공항에 나갈 때면 매번 똑같은 생각이 떠오를 뿐이었습니다.

'나는 언제 한번 해외에 나가 복음을 전해 보나.'

그러던 어느 날 초대장이 왔습니다. 세계의 수도라고 알려진 미국 워싱턴(Washington DC)에 있는 어느 한 교회에서 저를 강사로 지명한 것이었습니다. 열방 한 가운데 만민 중에서 외국어 설교를 시작하는 순간 저는 생각했습니다.

'나는 기도하면서 꿈만 꾸었을 뿐인데.'

6장
꿈만 꾸지 마라

사람들이 잘못 아는 두 가지 상식이 있습니다.

'외국어를 잘하면 외국어 설교도 잘한다.'
'외국어를 못하면 외국어 설교도 못한다.'

물론 외국어를 잘하는 것은 큰 도움이 됩니다. 알파벳도 모르는 사람이 독일어로 설교하려고 한다면 곤란하겠지요? 또한 영어 발음의 기초를 숙지하지 않은 사람이 영어로 설교하려고 하면 기초부터 배워야 할 것입니다.

그러나 외국어를 잘한다고 해서 외국어 설교를 잘할 것이라고 하는 생각은 잘못된 생각입니다. 이는 마치 외국어를 어느 정도 하면 통번역도 하지 않을까 하는 지나친 기대와도 같습니다. 간단하게 말해, 아무리 외국어를 유창하게 구사한다 해도 성경을 알지 못하면 설교가 불가능합니다.

반대로 아무리 외국어를 잘 못한다 하더라도 꿈을 꾸고 준비만 하면 얼마든지 외국어 설교를 잘할 수 있습니다. 그러므로 꿈만 꾸지 말고, 이제부터는 준비하십시오.

그러면 준비는 어떤 과정으로 해야 할까요?

1. 두려움을 극복하라

외국어 설교를 어려워하시는 분들은 대개 실력보다는 마음의 두려움 때문입니다. 두려움은 우리를 무기력하게 만듭니다. 두려움을 지니고 있는 한 발전하기는 거의 불가능합니다.

그런데 알고 보면, 외국어로 설교하는 것을 전혀 두려워할 필요가 없습니다. 가령 영어를 하시는 분들 가운데 발음 때문에 회화를 꺼려하시는 분들이 많습니다. 그런데 실제로 외국인들과 대화를 나누어 보면, 발음이 문제가 되는 경우는 드뭅니다. 게다가 영어는 세계 공용어이기 때문에 인도식 영어, 이태리식 영어, 남미식 영어, 아프리카식 영어가 다 다릅니다. 그러므로 언어를 하나의 학문으로 여기지 말고 커뮤니케이션의 기능으로 여기십시오.

원어민이 아닌 이상 완벽한 외국어 설교는 세상에 존재하지 않습니다. 게다가 전문 부흥강사도 아닌 목회를 하면서 몇 차례 해외집회에 가서 한 완벽하지 못한 설교 때문에 좌절할 필요는 없습니다. 또한 외국인이 현지 어로 설교한다는 것 자체만으로도 청중은 호감을 갖고 주의 깊게 경청합니다. 설교 도중에 막히는 일이 있더라도 외국인이기 때문에 웃고 넘어갈 수 있습니다. 한마디로 현지 성도들은 당신의 메시지에 감탄하지 당신의 외국어 실력에 관심을 갖지 않습니다.

2. 외국어 성경을 읽으라

외국어 설교의 가장 중요한 것 중의 하나는 외국어 성경입니다. 재료 가 있어야 요리를 할 수 있듯이 외국어 성경이 있어야 외국어 설교를 할 수 있습니다. 사실 모든 설교의 내용은 성경 66권에 한합니다. 성경 말씀 을 벗어난 설교는 상상할 수도 없습니다. 그러므로 외국어 설교를 위해서 는 매일같이 외국어 성경을 읽고 묵상해야 합니다. 같은 성구라도 우리말 과 외국어로 읽고 비교하면서 묵상해 보면, 각 언어에 따른 미묘한 뉘앙스 의 차이를 실감할 수 있습니다. 물론 다가오는 은혜의 척도도 다릅니다.

여기서 중요한 것은 '어느 성경 버전을 선택할 것인가' 하는 것입니다. 나라마다 교단마다 지역마다 교회마다 사용하는 버전이 다릅니다.

그러므로 먼저 언어를 선택한 후 현지에서 자신이 사역하고자 하는 대상이 어떤 버전을 사용하는지를 숙지할 것을 권합니다. 예를 들어, 미국의 경우 영어로 된 성경을 쓰겠지요. 그러나 영어 성경도 버전이 얼마나 다양한지 모릅니다.

- KJV(King James Version) : 고대 영어로서 원문에 충실했다는 이유로 아직까지도 권위 있는 성경으로서 주로 전통적 교단에서 사용하는 성경
- NASB(New American Standard Bible) : 1995년에 개정판이 출시되어 원문에 충실하면서도 현대어로 번역되어 신학계에서도 인정하는 성경
- NRSB(New Revised Standard Bible) : 미국 교회협의회에서 발간한 성경으로서 주로 에큐메니컬 성향을 띤 교회와 단체에서 사용하는 성경
- NIV(New International Version) : 가장 세련된 현대어로 번역되어 젊은이들 가운데 호응을 얻고 있는 성경

영어 다음으로 가장 국제적인 언어로 사용되고 있는 스페인어의 경우 다음과 같은 버전이 있습니다.

- RV1960(Reina Valera 1960) : 전 세계에서 현재 통용되고 있는 번역본 중 원문에 가장 충실했다고 여겨지는 고대 스페인어로 된 성경
- BJ(Biblia de Jerusalen) : 이른바 예루살렘 번역본으로, 주로 가톨릭에서 사용되는 번역본이지만 학문적으로 뛰어나 학계에서 사용되는 성경
- NVI(Nueva Version Internacional) : 원문에 충실하면서도 세련된 현대어로

번역되어 젊은이들 사이에서 큰 호응을 얻는 성경

이와 같이 버전은 굉장히 다양합니다. 그러나 각 나라와 선교지 상황이 다르기 때문에 자신의 생각을 내세우기보다는 현지의 사정을 먼저 숙지해야 합니다. 결론적으로 말해, 현지인들이 현지에서 사용하는 성경 버전으로 성경을 읽고 묵상할 것을 권합니다.

3. 영상 자료를 적극 활용하라

외국어 설교를 잘하기 위해서는 평소에 꾸준한 노력과 준비가 필요합니다. 그중의 하나가 실전에 가장 가깝다고 할 수 있는 외국어 설교 영상자료의 적극적인 활용입니다.

요즘에는 인터넷이 발달되어 있기 때문에 안방에서도 전 세계의 유명한 설교자들의 영상 자료를 무료로 시청할 수 있습니다. 듣는 것도 중요하지만 보는 것은 더욱 더 중요합니다. 어느 한 연구결과에 의하면, 사람이 배우는 것 중의 무려 89%가 시각에 의한 배움입니다. 그리고 10%가 청각에 의한 것입니다. 그러므로 보는 것처럼 효과적인 준비도 없습니다.

이때 중요한 것은 통역사가 있는 영상 자료라면 훨씬 더 좋다는 점입니다. 그 이유는 통역사가 바로 옆에 서서 통역을 하면, 동일한 메시지를 이중으로 들을 수 있기 때문에 설교를 완전하게 자신의 것으로 소화할 수 있습니다. 쉽게 말해, 외국인 강사가 우리나라에 와서 집회를 인도한 영상 자료를 적극 활용하라는 말입니다.

제가 꿈만 꾸지 말고 준비하라고 하는 데에는 그만한 이유가 있습니다. 평소에 외국어 설교에 대한 두려움을 극복하지 못하고 성경을 읽지 않고 영상 자료를 활용하지 않으면, 이는 하루아침에 이루어지는 훈련이 아니기 때문에 막상 하려고 하면 시간이 부족합니다.

무엇보다 롤 모델을 찾으십시오. 저는 조용기 목사님을 롤 모델(Role-model)로 삼고 지금도 끊임없이 할 수 있는 한 많은 양의 영상 자료를 보고 연구합니다. 역시 하나님의 말씀으로 수많은 군중들의 마음을 사로잡는 영적 거장들을 보면 배울 것이 굉장히 많습니다.

제3부

|

초대를 받는 순간부터 선교지를 향해 출국하기까지

7장
초대장

외국어 설교의 주된 무대는 아무래도 선교지이기 때문에 해외여행이 전제조건이 됩니다. 그 때문에 국내집회보다는 주의해야 할 점이 한두 가지가 아닙니다. 게다가 국제적 외교문화를 생략할 수 없기에 모든 절차를 문서로 교환하는 것이 좋습니다. 특별히 초대하는 목회자가 자신과 신분이 두텁다 하더라도 구두로 이루어지는 대화는 아무래도 신용이 떨어집니다.

일반적으로 초대장은 팩스나 간단한 한 통의 이메일로 할 수 있습니다.

일시 : 2012년 2월 20일, 미국 워싱턴 DC

발신자 : Kingdom of God 교회 Othniel 목사

수신자 : 기하성 재아동산교회 김동조 목사

행사명 : 4차원의 리더십

일시 : 2013년 11월 25일

장소 : 워싱턴 주 국립중학교 대강당

연락처 : 1-000-111-7777

그러나 초대장은 하나의 형식적인 관례일 뿐 문서상 집회에 관한 모든 것이 기재되어 있지는 않습니다. 따라서 초대장을 받으면 수락하기 전에 감사의 표시와 함께 집회에 대한 보다 자세한 안내사항을 받는 것이 좋습니다. 구체적인 답변이 없을 경우 자신이 직접 문서를 하나 첨부해서 답변하는 것도 좋은 방안일 수 있습니다.

성결의 메시지를 전하시면서 전 세계를 무대로 사역하시는 스카타글리니(Scataglini) 목사님의 경우 다음과 같은 정보를 기재할 것을 요청하십니다. (본 자료는 Scataglini Ministries로부터 서면으로 허락을 받고 사용하였음.)

Speaker Requested(주 강사) :

Type of Event(형태) : In-person(오프라인)

Virtual(온라인)

Type of Meeting(대상) : Local Church(지역교회)

United Meeting(교회연합회)

Conference(컨퍼런스)

Leadership Only(지도자)

Men's event(남성)

Women's event(여성)

Total Dates Requested(일시) :

1st Meeting Date(첫 번째 집회 일시) :

1st Meeting Start Time(첫 번째 집회 시각) :

Name of Event(행사) :

Church Name(교회) :

Pastor's Name(담임목사) :

Church's Complete Address(교회 주소) :

Telephone-Church(교회 전화번호) :

Fax-Church(교회 팩스) :

Cell-Church(교회 휴대전화) :

E-mail-Church(교회 전자우편) :

Internet Speed Available(인터넷 속도) :

Coordinator's Name(코디네이터) :

Coordinator's Telephone(코디네이터 전화번호) :

Coordinator's Cell(코디네이터 휴대전화) :

Coordinator's E-mail(코디네이터 전자우편) :

Other (confirmed) Speakers(다른 강사) :

Language of Sermon(언어선택) : English(영어)

Spanish(스페인어)

Bilingual(통역 설교)

Dress code for Event(옷차림) : Suit/Tie(정장)

Slacks/Shirt(캐주얼)

Event Location(집회장소) :

Venu Capacity(수용인원) / Estimated Attendance(예상출석인원) :

Hotel Name(호텔명) :

Hotel Address(호텔 주소) :

Hotel Phone Number(호텔 전화번호) :

Nearest Airport(가까운 공항) :

Estimated time between airport and hotel

(공항에서 호텔까지 소요되는 시간) :

Estimated time from hotel to meeting

(호텔에서 집회장소까지 소요되는 시간) :

Name and cell of person picking pastor up from Airport

(강사 목사님을 공항에서 맞이할 자원봉사자) :

Electrical Current(전압) : 120V

240V

경우에 따라서는 사례금을 명시하게 하지만, 전문적인 부흥강사가 아닌 이상 사례금은 주최 측에 전적으로 맡기는 것이 관례입니다. 위의 문서는 경험에서 비롯된 것입니다. 해외집회에서 발생할 수 있는 여러 문제를 최소한으로 방지하기 위해 적극적으로 활용할 만한 방법이라고 생각합니다. 여러 정황을 고려하여 필요에 따라 변형해서 사용하실 것을 권장합니다.

어떻게 보면 지나치게 세심하고 꼼꼼하게 비춰질 수도 있습니다. 그러나 집회에 관한 충분한 정보가 제공되지 않을 경우 현장에서 뜻하지 않은 불상사를 당할 수도 있습니다.

저는 언젠가 미국 보스턴에서 집회를 인도한 적이 있는데, 공항에 도착하자마자 마중 나온 사람이 없어 당황한 적이 있습니다. 이유인즉, 보스턴 공항 주변은 수많은 터널로 연결되어 있어서 자칫 잘못하면 길을 잃어 헤매는 경우가 허다하기 때문입니다.

생각을 한번 해 보십시오. 장시간 여행 끝에 지구 반대편에 귀국했는데, 아무도 없다니요! 1시간가량 기다리는 동안 '전화번호라도 적어올걸' 하는 생각을 수백 번 했습니다

해외집회와 관련하여 주의해야 할 점이 있습니다. 초대장은 6개월에서 1년 정도의 시간적 여유를 두고 보내는 것이 일반적입니다. 그러므로 서둘러 답변할 필요는 없습니다.

특별히 현지사정을 잘 모르는 경우는 더욱 그렇습니다. 외국에서 초대

했다고 무조건 갔다가는 이단의 덫에 걸리는 일도 있습니다. 국내의 교계를 아는 것도 때로는 벅찬데 해외는 얼마나 더하겠습니까?

그 때문에 저는 항상 추천사를 2-3장 정도 첨부할 것을 의뢰합니다. 국경을 초월하여 사역하는 이 지구촌 시대에 모든 교회와 단체들이 연결되어 있기 때문에 주최 측과 제가 아는 신뢰할 만한 사역단체에서 추천하면 아무래도 마음이 놓입니다. 추천사는 가능한 한 교단대표와 같은 개인이 아닌 공식기관에서 발부하는 것이 신뢰성이 있습니다. 또한 초대장은 입국비자가 필요한 나라를 방문할 경우에는 해당국의 대사관에서 비자를 받는 데 가장 확실한 방법이기도 합니다.

이 시점에 이르면 이제부터는 기도로 성령의 인도를 받는 일밖에 남지 않습니다. 때로는 개인적 친분에 이끌려서 기왕이면 아는 사람을 돕겠다고 하지만, 이는 옳지 못한 자세라고 생각합니다. 제한된 자금으로 쫓기는 시간 속에서 사역하는 우리인데 양자택일을 해야 할 경우에는 무엇보다 기도를 통해 성령의 인도를 받아야 합니다. 사도 바울이 비두니아로 가고자 애썼지만, 예수의 영이 허락하지 않은 것처럼 사례금을 더 많이 받을 것을 기대하거나 더 많은 사람들이 자신을 기다린다고 하는 것이 우리 외국어 설교를 하는 사역자들의 마음을 흔들게 해서는 안 될 것입니다. 철저히 성령의 인도로 움직이십시오.

8장
경쟁력 있는 메시지

찬양인도자가 찬양으로 말하듯이 설교자는 설교로 말합니다. 주일마다 선포하는 메시지도 정성껏 준비해야 하지만, 해외집회를 위해서는 더욱 많은 노력과 준비, 그리고 기도가 가미되어야 합니다.

지금은 인터넷의 발달로 전 세계의 크리스천들이 안방에서도 세계적인 주의 종들의 설교를 시청할 수 있게 되었습니다. 그 때문에 자기만의 경쟁력 있는 메시지를 갖지 않고서는 해외집회에서 성공할 가능성은 거의 없습니다.

해외집회의 경험이 없었을 때 저는 당시 흥행하고 있던 비전과 리더십을 주제로 그동안 모아놓은 지식을 축약해서 열정적으로 전하곤 했습니다. 그러나 돌아오는 반응은 시큰둥할 뿐이었습니다. 처음에는 그 이유를 잘 몰랐는데, 나중에 알고 보니 그런 유형의 설교에 이미 청중이 익숙해져 있었기 때문이었습니다. 그들의 입장에서 볼 때 굳이 비싼 항공료를 지불하면서까지 저와 같은 무명의 동양인 목회자를 부를 필요가 없었던 것입니다. 그것도 미국에서.

'내가 무엇을 잘못 하고 있나?'

'나에게서 바라는 것이 무엇인가?'

'왜 청중이 열광하지 않을까?'

그러던 어느 날 어느 한 목사님으로부터 들은 말이 저의 해외사역에 큰 전환점을 가져 왔습니다.

"목사님, 한국에 대해서 말씀해 주시지요? 우리는 한국교회에 대해서 듣고 싶습니다. 한국의 성도들은 기도를 많이 한다던데, 우리도 배우고 싶습니다."

순간 무릎을 쳤습니다. '바로 이거다!' 그러나 막상 한국교회에 대해서 말하려고 하니 한국교회에 대해서 알고 있는 것이 많지 않았습니다. 그래서 이 부분에 대해서 연구를 하기 시작했고, 급기야 한국교회에 대해서 말하는 외국서적이 거의 없다는 것을 알게 되었습니다. 특별히 제가 필요했던 것은 외국인의 시각에서 본 한국교회의 성장과 그 원인을 분석한 자료였습니다.

세계 기독교는 한국교회를 배우고 싶어 합니다. 그러나 우리는 우리의 이야기를 외국어로 들려줄 수 있는 준비가 되어 있지 않습니다. 따라서 한국교회에 대해서 말하는 것은 한국인 설교자로서 갖추어야 할 가장 기본적인 자질입니다.

그러나 가는 곳마다 한국 사람이 없는 곳이 없기 때문에 사실 한국교회에 대해서 현지어로 말하는 것도 자신만이 전할 수 있는 경쟁력 있는 메시지라고 보기에는 어렵습니다.

저는 본래 순복음 교회 출신입니다. 3대 크리스천 가정에서 태어나 모태신앙으로 자랐습니다. 우리 가정은 2대째 순복음 교회 목회자 가정입니다. 그래서인지 하나님의 은혜로 언젠가부터 조용기 목사님의 서적을 스페인어로 번역하는 사역을 감당해 오고 있습니다.

처음에는 잘 몰랐었는데, 제가 번역한 『4차원의 영적 세계』가 스페인어권 기독교출판시장에서 베스트셀러가 되면서부터 베일에 감추어진 역자인 저 자신을 사람들이 자연스럽게 조 목사님의 4차원과 연관해서 생각하기 시작했습니다. 저 자신도 4차원의 영성을 제 삶의 철학으로 받아들이고 놀라운 기적을 체험하기도 했습니다.

그 이후로 조용기 목사님의 목회철학을 남미상황에 맞게 체계적으로 정리한 『4차원의 리더십』을 출간했는데, 점차적으로 조 목사님의 4차원에 대해서 강연해 달라는 집회 요청이 끊임없이 들어오기 시작했습니다.

그렇게 하여 어느새 사람들은 저를 북미와 중남미를 중심으로 4차원의 메시지를 증거하는 사람으로 인식하게 되었습니다. 이를 위해 '4차원넷'이라는 웹사이트를 운영하게 되었는데, 얼마 전 한세대학교에서 '해외에서 영산의 사상을 널리 알리는 데 기여한 기관'으로 특별 장학금을 받기도 했습니다. 영산 조용기 목사님의 4차원의 영성을 스페인어권에 알리는 데 기여한 것을 인정받은 것입니다. 애초부터 이런 의도는 없었지만 어떻게 하다 보니 하나님께서 저에게 이런 은혜를 주셨고, 또한 사람들이 그런 생각을 지니게 되었습니다. 이로써 조 목사님의 4차원의 영성이 저만의 경쟁력 있는 메시지로 자리 잡게 되었습니다.

언젠가 저는 저를 초대한 미국 서부의 어느 한 대형교회의 목사님께 이런 질문을 한 적이 있습니다.

"왜 저를 강사로 부르셨나요?"

그러자 그 목사님께서는 환하게 웃으시면서 이렇게 답하셨습니다.

"당신이 조 목사님에 대해 저술한 4차원의 리더십을 읽었습니다. 저는 4차원의 메시지야말로 우리 교회가 나가야 할 방향이라고 확신합니다."

"그런데 왜 저를 부르신 거지요?"

"첫째로, 당신은 한국인이지요."

"한국인은 미국에도 굉장히 많이 있지 않습니까?"

"4차원의 메시지를 증거하시잖아요."

"이곳에도 조 목사님의 제자들이 굉장히 많을 텐데요. 그들은 다 오중복음과 삼중축복, 그리고 4차원에 대해 잘 알고 있을 겁니다."

"그러나 그들은 우리말(스페인어)로 설교하지 않습니다."

"이건 당신만이 할 수 있는 일입니다."

언젠가 조용기 목사님은 이런 말씀을 하신 적이 있습니다. "만일 당신이 좋은 설교 10편만 가지고 있더라도 전 세계를 다니면서 복음을 증거할 수 있다(If you have 10 good messages, you can travel all over the world)."

물론 경쟁력 있는 메시지를 두고 말하는 것입니다. 세계적으로 크게 쓰임받는 설교자들을 보면, 그들은 그들만이 전할 수 있는 경쟁력 있는 메시지를 증거합니다. 그러므로 성령의 인도를 받아 당신만의 경쟁력 있는 메시지를 선포하십시오.

9장
외국어 설교 준비

외국어 설교를 준비한다고 해서 특별할 것은 없습니다. 일단 경쟁력 있는 자신만의 메시지를 선포하는 것이 효과적이라는 전제조건을 알고 있다면, 평소에 하던 대로 원고를 작성하면 됩니다.

1. 한국어 원고 쓰기

그러나 부족한 영작 실력 때문에 애초부터 망설이는 이들이 많습니다. 아니, 아예 포기해 버립니다. 그러나 실망할 필요는 없습니다. 평소에 하던 대로 우리말로 원고를 일단 작성해도 좋습니다.

2. 원고 번역 의뢰하기

원고를 작성하면 그 다음에 해야 할 일은 영어, 혹은 해당 언어로 번역하는 일입니다. 기독교번역의 중요성이 더욱 대두되어야 되겠지만, 요즘에는 기독교 전문 번역이 새로운 사역 아이템으로 떠오르고 있기 때문에 번역을 전문적으로 하는 기관을 찾는 것은 어렵지 않습니다. 아니면 현지에서 사역하고 있는 선교사들의 도움을 받는 것도 현명한 일입니다. 단, 선교사들의 경우 검증된 번역가들이 아니기 때문에 반드시 현지인들의 점검을 받아야 합니다. 기독교 번역에 대한 보다 깊은 이해를 위해서는 『기독교 번역 나도 한다』(예영커뮤니케이션, 2010)를 참고하시기 바랍니다.

3. 번역된 원고 점검하기

그러므로 번역된 원고를 무조건 신뢰하지 마십시오. 번역이라고 하는 것은 언제까지나 원본이 아니기 때문에 자신이 애초에 전달하고자 했던 메시지가 충분히 강조되지 않은 부분들이 얼마든지 있을 수 있습니다. 번역가가 스피치를 고려하지 않고 장문과 어려운 단어를 선택하는 것도 설교를 전달하고자 할 때 문제가 될 수 있습니다. 또한 번역가가 다른 성경버전을 인용했는데, 자신이 사용하고자 하는 성경버전이 아닐 경우에는 곤란합니다. 그 때문에 번역된 원고를 한번 꼼꼼하게 점검할 필요가 있습니다.

4. 외국어 원고 암기하기

마지막으로 해야 할 일은 원고를 무조건 암기하는 것입니다. 약 10장 정도 분량의 A4 용지를 외우는 것은 어려운 일이 아닙니다. 물론 3회 정도 설교한다고 할 경우에는 30장 이상이 되겠지요. 이때 주의해야 할 점은 성구는 더욱 더 신경 써서 암기해야 한다는 것입니다. 아무래도 설교의 생명은 말씀이기 때문에 성구를 막힘없이 말하는 것은 아무리 강조해도 지나치지 않습니다.

이렇게 원고를 완전히 소화하고 암기하면 어느새 외국어 설교에 대한 두려움을 극복할 수 있고 자신감이 생깁니다. 그러므로 녹음기를 들고 거울 앞에서 원고를 암기하고 또 암기하십시오. 그러면 여유는 물론이고 청중과 호흡하는 쌍방향 커뮤니케이션이 가능하게 됩니다.

5. 아웃라인 원고 작성하기

자신이 암기한 원고를 지참하는 것은 좋습니다. 해외집회의 경험이 많지 않은 이들에게는 필수적입니다. 왜냐하면 지나치게 긴장한 나머지 설교가 막힐 때 문장 하나하나가 그대로 기록되어 있는 원고를 읽어 내려가면 되기 때문입니다.

그러나 어느 정도 노하우가 생기면 아웃라인 원고를 작성하여, 강단에 올라갈 때는 이 원고를 들고 가는 것이 좋습니다. 아웃라인 원고는 큰 대지와 예화, 그리고 성구만 표기되어 있으므로 위기상황에서 나침반 역할을 할 뿐만 아니라, 청중과 호흡할 수 있는 여유를 제공하기도 합니다.

6. 사역 시간

물론 교단의 전통과 집회의 성격에 따라서 분위기가 다르겠지만, 임직식이나 졸업식과 같은 행사가 아니라면 부흥회의 성격을 띨 가능성이 많습니다.

문제는 여기에 있습니다. 즉, 원고를 완전히 소화하여 암기한 그대로 연출은 잘 했는데, 이른바 결신기도와 같은 사역시간을 어떻게 진행해야 할지 몰라 당황해하는 설교자들이 한두 명이 아닙니다. 심지어는 설교는 외국어로 하고, 사역시간 또는 통성기도를 포함한 마무리는 우리나라 말로 하는 강사들도 많이 봤습니다. 물론 현지인들이 그 말을 알아들을 것이라고 기대하는 것은 금물입니다. 우스갯소리로 "방언이라고 생각하겠지"라고 하지만, 조금만 준비하면 사역시간도 외국어로 할 수 있습니다. 그러므로 원고 번역을 의뢰할 때에 설교를 마치고 난 다음 어떤 기도를

할 것인지를 심사숙고하여 글로 작성한 후 번역된 기도문을 암기하는 것

역시 중요합니다.

10장
출국 준비 완료

해외집회를 전제로 하는 외국어 설교는 객관적 입장에서 보면 해외여행입니다. 물론 우리 믿는 사람들에게 있어서는 선교여행으로서 단순한 해외여행 그 이상의 의미가 있다는 것은 두말할 필요가 없습니다.

그 때문에 해외여행과 관련된 모든 준비사항을 숙지하는 것은 기본입니다. 해외관광 가이드북과 같은 책들을 구입할 것을 적극 추천합니다. 요즘 발간되는 관광 관련 책들은 관광청을 통해 얻을 수 있는 그 이상의 정보를 담고 있기 때문에 굉장히 유용합니다. 책을 통해 우리는 그 어디에서도 얻을 수 없는 정보를 얻을 수 있으므로 출국과 해당국가에 대한 자료는 서점에서 구입할 것을 권합니다.

그 외에 준비할 사항이 한두 가지가 아니지만, 잊어서는 안 될 준비물을 정리하면 아래와 같습니다.

1. 개인물품

개인물품은 개인이 알아서 챙기는 것이 가장 좋습니다. 불필요하게 짐을 부풀려 가방의 무게가 초과되어서는 안 되겠지만, 그렇다고 해서 현지에 가서 구입하면 그만이라는 생각은 더 위험할 수 있습니다. 언제까지나 자신이 무엇을 필요로 하는지는 자신이 가장 잘 알기 때문에 직접 챙기는 것이 좋습니다.

1. 정장
2. 캐주얼 옷
3. 세면도구
4. 책
5. 필기도구
6. 카메라
7. 테블릿

이 중에서도 자신의 떼가 묻은 성경책과 원고는 세상에 하나밖에 없는 것으로서 잊어서는 안 될 품목입니다.

2. 비상약

비상약은 현지에서도 손쉽게 구입이 가능합니다. 그러나 별다른 처방이 필요 없는 같은 소화제라도 약 성분이 조금씩 다르기 때문에 자신이 평소에 복용하는 약을 국내에서 구입하여 지참하는 것이 좋습니다.

특별히 사람마다 복용하는 비상약이 있기 때문에 자기 몸은 자신이 챙긴다는 신념으로 약을 미리 구입하는 것이 좋습니다.

3. 현지 교포 신문

사역 초기에는 개인물품도 비상약도 신경을 쓰지 않았기 때문에 애를 먹었습니다. 그러나 이제는 현지에 도착하자마자 한인타운(Korea Town)을 방문하여 현지 교포신문을 구독합니다. 비록 지구 반대편에 있다 하더라도 각 나라에 있는 한인타운을 가면 고국에 온 것 같은 포근한 느낌과 함께 비상약 등 미처 국내에서 챙기지 못한 물품들을 구입할 수 있습니다.

또한 집회 도중에 주최 측 관계자들에게 우리나라의 문화를 소개할 수 있는 좋은 기회이기 때문에 저는 가는 곳마다 현지인들에게 이렇게 말합니다. "오늘은 제가 한국음식을 대접해드리고 싶은데, 괜찮으신지요?" 반응은 의외로 굉장히 긍정적입니다. "이렇게 가까운 곳에 한국 식당이 있다는 것을 미처 몰랐네요. 자주 와야겠습니다."

제4부

—

현지에 도착하는 순간부터 강단에 서기까지

11장
로마에 가면 로마인처럼

　해외집회라고 하더라도 한인교회의 초대를 받아 성회를 인도하는 것이라면 지금과 같은 지구촌 시대에서는 국내에서와 거의 동일한 접대를 받을 수 있습니다. 그러나 외국어 설교를 생각한다면 현지 사정을 잘 알지 못하기 때문에 로마에 가면 로마인처럼 행동해야 합니다.

　특별히 국제적 코드에 맞추기 위해서는 외교적 마인드가 필수입니다. 저는 항상 '나 자신이 그리스도의 대사인 동시에 대한민국 대사'라는 생각을 갖습니다. 저의 언행에 따라 우리나라의 국가적 이미지가 판가름 날 수 있기 때문에 우리 설교자들이 외교관들에게서 배울 점이 많다고 생각합니다.

　저는 항상 우리나라를 대표할 만한 선물을 준비합니다. "가장 한국적인 것이 가장 세계적인 것"이라는 말이 맞습니다. 저 같은 경우, 출국 이전에 준비하지 못했다면, 현지에 도착하자마자 교포신문을 구독하여 귀국 상품을 판매하는 곳에서 선물을 구입합니다. 우리나라의 문화를 대표할 만한 선물은 상대방의 마음을 여는 힘이 있기 때문에 작은 선물이라도 준비하는 것이 좋습니다.

현지에 도착하는 순간부터는 모든 것을 주최 측에 맡길 것을 권장합니다. 일반적으로 강사의 스케줄 관리는 주최 측에서 하는 것이지 강사가 하는 것은 아닙니다. 때로는 일정에 없던 비공식적인 모임에 가야 한다든지 아니면 입맛에 안 맞는 음식을 먹어야 할지라도 주최 측 관계자들이 심사숙고한 끝에 결정한 것이므로 할 수 있는 한 현지인들의 안내를 따르는 것이 좋습니다.

힘이 닿는 대로 모든 사람들을 만나 주십시오. 먼 외국에서 왔다는 이유 하나만으로 현지인들은 호기심을 갖습니다. 기왕이면 최대한 많은 사람들과 만나서 대화도 나누어 보고 기도도 해 주다 보면, 돈 주고는 살 수 없는 소중한 하나의 간증을 얻기도 합니다.

일부 선진국을 제외하고는 대체적으로 볼 때 해외는 가난합니다. 그러므로 섬기고 또 섬기십시오. 잘 알려진 부흥강사가 아닌 이상 일반 목회자들은 사례금도 제대로 받지 못하는 경우가 있습니다. 아니, 정확하게 말하자면 세계적으로 유명하다고 하는 부흥사들도 그런 경우가 있습니다. 최소한 사례금 때문에 감정이 상하는 일은 없어야 합니다.

아무래도 선교현장은 언어만 다른 것이 아니라 문화도 다릅니다. 따라서 우리나라의 문화를 내세울 필요는 없습니다. 생각해 보면, 다른 나라의 문화를 배울 수 있는 기회도 잠시 다녀오는 해외집회가 아니고서는 없습니다. 그러므로 자신이 생각한 것이 아니었다 하더라도 주최 측 관계자들을 믿고 따르십시오.

그러나 저마다 개인차가 있기 때문에 (특히 건강과 관련된 것) 양보할 수 없다고 생각되는 부분은 주최 측 관계자들과 사전에 합의할 것을 권합니다. 언어와 문화가 다르기 때문에 때로는 사소한 오해를 불러일으키는 일이 얼마든지 있을 수 있습니다. 그러나 알고 보면, 이 모든 것은 커뮤니케이션의 부재에서 비롯되는 것이므로 궁금한 사항이 있으면 사전에 자세하게 문의하는 것이 바람직합니다.

언젠가 저는 4시간을 쉬지 않고 설교한 적이 있습니다. 본래는 3회에 걸쳐 이루어지는 세미나(plenary sessions)였는데, 일반적으로는 15분 정도의 간격을 두고 이루어집니다. 그러나 그 교회의 담임목사님께서는 15분이라도 쉬는 시간을 갖게 되면 분위기가 흐트러지고 분주한 느낌이 들기 때문에 쉬지 말고 세미나를 인도하라고 하셨습니다.

결국 무더운 날씨에도 불구하고 릴레이 설교를 했습니다. 그러나 강단에서 내려오자마자 갑자기 혈압이 떨어지면서 구토현상을 모면하지 못해 보는 이들로 하여금 안타까운 상황을 연출한 적도 있습니다.

돌아보니 사전에 합의를 했더라면 하는 생각뿐이었습니다. 채식주의자에게 고기를 접대하는 것이 실례가 되듯이 양보가 불가능한 부분에 대해서는 예의를 갖춰 사전에 양해를 구하는 것이 좋습니다.

현지에 도착하는 순간부터는 주최 측과 커뮤니케이션을 직접 하기보다는 코디네이터 및 수행 통역사를 통해 할 것을 권합니다. 물론 코디네이터는 통역사가 아니고 통역사는 코디네이터가 아니지만, 중보하는 사람이 있으면 최소한 언어와 문화적인 요소로 생기는 사소한 오해는 피할 수 있습니다.

12장
관광은 안 해도 좋다

　현지에 도착해서 가장 많은 시간을 할애해야 할 일은 기도입니다. 기도를 하면 그 지역의 영적 분위기를 감지할 수 있는 분별력이 생깁니다. 설교 원고를 반복해서 외우는 일을 할 수도 있겠지만, 이는 출국하기 전에 국내에서 다 끝내야 할 일이기 때문에 선교지에 도착해서는 엎드려 기도하는 일밖에 없습니다.

　그 때문에 때로는 해외집회가 많은 사람들이 예상치도 못하는 것처럼 지루하기 짝이 없을 수도 있습니다. 조용기 목사님은 외국어 설교에 관하여 많은 사람들의 마음을 움직이기 위해서는 보통 기도로는 불가능하다고 지적하신 적이 있습니다.

　이렇게 생각해 보십시오. 우리말로 해도 은혜를 끼치기가 때로는 어려운데, 익숙하지 않은 외국어 설교를 통해 현지인들의 마음을 움직여야 하니 얼마나 힘들겠습니까? 엄밀한 의미로, 외국인들이 관심을 갖는 것은 우리의 외국어 설교 실력이 아니라 우리에게서 흘러나오는 성령의 역사, 즉 영적인 힘입니다.

제가 아는 어느 한 목사님은 전 세계를 다니면서 사역하시는데, 호텔에서 짐을 풀자마자 수건으로 TV를 감싸고 그 위에 성경책을 올려놓는다고 합니다. 그 이유는 장시간 여행 끝에 긴장을 풀기 위해서 여가로 TV를 보기도 하는데, TV 시청은 때로는 영성을 흐트러뜨리기 때문에 바람직하지 못하다고 생각하시는 것입니다.

여가 시간에는 주최 측 관계자들과 관광투어를 하게 됩니다. 장시간 여행 끝에 도착한 현지에는 볼거리가 많기 때문에 한두 군데 가는 것을 나무랄 필요는 없습니다. 이것 역시 하나의 인생 경험이 될 수도 있으니까요.

그러나 자칫 잘못하면 관광이 주된 목적이 될 수 있습니다. 또한 관광을 하게 되면 마음이 들뜨게 되는데, 마음을 가라앉히기 위해서는 그만큼 기도하는 시간을 가져야 합니다. 조용기 목사님의 경우 세계를 가장 많이 다니셨으면서도 관광을 가장 많이 안 하신 분이시기도 한데, 그 이유는 영성 관리에 있습니다.

따라서 관광은 안 해도 좋습니다. 저는 해외집회 시 가능한 한 호텔에서 움직이지 않습니다. 치안부재가 주범일 수도 있지만, 식사도 운동도 간단한 미팅도 전부 다 호텔 안에서 해결할 수 있는 부분이기 때문에 가능한 한 숙소를 떠나지 않습니다.

최소한 음식을 잘못 섭취하거나 몸에 무리를 주어 집회에 지장을 줄 수 있기 때문에 조용히 있다가 조용히 돌아오는 편을 택합니다.

특별히 집회를 마치고 나면 늦은 저녁시간이 되기도 하는데, 식사를 대접하는 것이 관례입니다. 그러나 저는 그 다음 날을 위해서 숙소로 돌아가 간단한 식사를 하고 난 다음 바로 취침합니다. 주최 측 관계자들과 늦은 시간에 식사를 하게 될 경우 시간이 많이 지체되어 쌓인 피로를 풀지 못하는 상황이 발생할 수 있습니다.

해외집회 기간 중 기도 다음으로 중요한 것이 휴식입니다. 휴식을 통해 고갈된 정신적 에너지를 충전해야지만, 며칠 동안 진행될 많은 양의 세미나와 부흥집회를 잘 마칠 수 있습니다.

특별히 목 관리에 신경 써야 합니다. 뉴스앵커나 성악가들이 목 관리에 각별한 주의를 기울이는 것처럼 목회자는 목이 생명입니다. 지난 10여 년 동안 통역 강사로 섬기면서 전문 부흥강사들을 지켜본 결과 그들만의 비법은 두 가지였습니다. 바로 물과 프로폴리스의 사용이었습니다.

첫째로, 충분하게 물을 섭취하면 목소리가 쉬는 것을 방지할 수 있습니다. 항상 성경책과 함께 조그마한 물병을 지참하여 수시로 마셔 주면 목에 무리를 주지 않게 됩니다.

둘째로, 적당량의 프로폴리스를 복용하면 무리가 간 성대가 풀리는 것을 느낄 수 있습니다. 저의 경우, 설교 직전 그리고 설교 직후, 그리고 취침 직전에 프로폴리스를 복용하는데, 효과가 의외로 뛰어납니다.

그러나 무엇보다 바로바로 쌓인 피로를 풀어 주는 것이 중요합니다. 아무래도 몸이 피곤하면 영력도 떨어지기 때문에 최상의 컨디션을 유지하는 자기만의 비법을 가지고 실천해야 합니다.

기도로 성령의 인도를 받으십시오. 당신의 입술에서 나오는 하나님의 말씀을 통해 수많은 외국인들이 변화되는 것을 상상하기만 해도 뜨겁고 간절한 기도가 나올 것입니다. 집회 시 불상사가 없도록 기도하십시오. 집회에 참석하는 모든 이들의 마음 문이 열리도록 중보하십시오. 그 지역사회와 나라가 복음으로 변화될 수 있도록 부르짖으십시오. 당신이 현지에서 해야 할 일은 오직 기도와 말씀선포입니다.

제5부

|

강단에 서서 설교하는 순간부터 숙소에 도착하기까지

13장
청중을 분석하라

외국어로 설교하는 것도 큰 부담인데 청중을 분석하라는 말은 왠지 더 큰 부담으로 다가옵니다. 그러나 사전에 이루어지는 청중 분석은 외국어 설교에 오히려 큰 도움이 됩니다.

우리나라의 경우는 그렇지 않지만, 해외의 일부 교회에서는 찬양 시간이 끝날 무렵 강사가 등장하는 좋지 못한 관행이 있습니다. 강사가 지나치게 스포트라이트를 받는다는 점도 유익하지 못할 뿐더러 그만큼 강사가 사전에 청중 분석에 실패했다는 것이 여지없이 드러나기 때문입니다. 물론 집회 장소 한두 시간 전에 와서 정황을 미리 파악했다면 이야기는 달라집니다.

해외집회는 아무래도 경험입니다. 또한 집회마다 성격이 조금씩 다릅니다. 전도를 목표로 하는 대중집회가 있고, 말씀강해를 중심으로 하는 사경회가 있고, 어느 특별주제가 정해진 세미나가 있습니다. 신학대학 강의에서도 영성이 없어서는 안 될 일이지만, 학문의 기초가 전혀 없는 강의가 있을 수는 없습니다. 가령 같은 교회 성장이라는 주제라도 일반 평신도들을 대상으로 하는 세미나와 목회자 및 신학생들을 대상으로 하는 세미나는 엄연히 구분됩니다.

그러므로 자신의 입장에서 생각하기보다는 현지인들의 시각에서 청중을 분석하는 것이 매우 중요합니다. 아무리 철저하게 원고를 준비하였다 손치더라도 강사에게는 집회장소의 분위기에 따라 약간의 변화를 줄 수 있는 융통성이 필요합니다. 또한 자신이 전하려고 하는 메시지가 분명히 있는데, 집회장소에 도착하는 그 순간 주의 성령께서 강사의 마음에 강력하게 말씀하셔서 메시지를 바꾸는 일도 가끔은 있습니다.

미국 휴스턴에서 집회를 인도할 때 있었던 일입니다. 갑자기 어느 한 교회에서 스케줄에 없던 설교 시간을 마련했으니 저에게 꼭 와달라고 부탁하는 것이었습니다. 이런 경우에는 체력이 허락하는 한 하나님의 뜻인 줄 알고 수락하는 것이 저의 목회철학입니다. 그런데 아무리 기도를 해도 성령의 감동이 없었습니다. 10개 이상 준비해 간 원고가 그때처럼 휴지조각처럼 보일 때도 없었습니다.

그런데 집회장소에 도착하고 보니 그 교회는 허리케인 때문에 교인이 약 300여 명에서 70명으로 급격히 줄어들어 교회의 전체적인 분위기가 매우 가라앉은 상태였습니다. 또한 다른 교회를 임대하여 임시로 예배실을 사용하고 있어서 그런지 교인들은 대개 암울한 표정이었습니다.

무엇을 설교해야 할지 몰라서 찬양 시간 내내 기도했습니다. 청중을 파악하고 있는 동안 주의 성령께서 "믿음은 약속의 말씀을 믿고 의지적으로 나아가는 것"이라고 말씀하셨습니다. 설교 시간이 되자 아무런 생각 없이 강단에 올라가서 회중을 바라보는데, 하나님의 위로가 파도같이 밀려오면서 입을 뗄 수가 없었습니다. 개인적으로는 감정적인 사람이 아니라고 생각했는데, 그날만큼은 성령의 역사가 얼마나 강했던지 강단에서 흐느끼는 몇 분 동안 온 회중은 이미 눈물바다가 되어 있었습니다.

이와 같이 청중 분석에서 가장 중요한 요소는 성령의 감동입니다. 주의 성령께서 절대주권을 갖고 계심으로 성령이 메시지를 바꾸라고 하시면 그대로 순종하는 것이 주의 종의 자세입니다.

장로교와 같은 전통을 중요시하는 교단이 아닐 경우 해외에서는 예배 시간에 사도신경을 암송하지 않는 일이 허다합니다. 이것은 하나의 문화적 충격으로 다가올 수 있지만 현지인들의 입장에서 보면 오히려 사도신경을 암송하는 것 자체가 신기할 뿐입니다. 이런 점을 감안할 때 우리가 얼마나 우리나라의 문화 및 교단의 전통에 얽매여 있는지를 새삼스레 깨닫게 됩니다.

또한 예물을 봉헌하는 방식도 다릅니다. 우리나라의 경우 전통적으로는 헌금 바구니에 헌금을 하거나 아니면 교회 입구에 커다란 헌금함에 예물을 드리는 관습이 있습니다. 그러나 해외에서는 헌금 바구니를 든 몇 명의 헌금위원들이 강단 앞에 가만히 서 있으면 사람들이 앞으로 나아가 예물을 드리는 일이 허다합니다. 출애굽기 25장 2절을 포함한 여러 성구에서 "내게 예물을 가져오라"는 말을 문자적으로 해석하여 헌금 바구니를 돌리는 수동적인 방법보다는 제단 앞에 나아가 예물을 드리는 능동적인 방법을 채택한 것입니다.

어떤 것이 더 성경적인가 하는 논쟁은 의미가 없는 것 같습니다. 단지 청중을 분석하고 청중이 움직이는 대로 그들의 문화를 존중하면서 따르면 된다고 봅니다. 각 문화에는 하나님을 섬기는 그들만의 방식이 따로 있는 법입니다. 역사적으로 볼 때 선교 사역의 일부가 실패한 것은 이 단순한 법칙을 존중하지 않았기 때문입니다. 서구화가 곧 복음화라고 착각했던 것이지요.

청중 분석에 있어서 가장 큰 도우미는 아무래도 현지인입니다. 주최 측 대표, 통역 강사, 혹은 자신과 동행하는 코디네이터는 현지상황의 크고 작은 수수께끼를 가장 잘 풀어 줄 수 있는 인물입니다. 주최 측은 언제나 자신의 편이라는 사실을 명심하십시오.

강단에 나서기 직전 강사가 두통약 혹은 생수와 같은 작은 일을 부탁하는 것은 결코 실례가 아닙니다. 말씀 선포에 있어서 장애물이 되는 것은 작은 요소라 할지라도 막판에 반드시 해결하고 강단에 올라서야 은혜로운 설교를 할 수 있습니다.

14장
위기 극복은 이렇게 하라

아무리 노련한 설교자라도 외국어 설교를 할 때면 위기 상황이 생기기 마련입니다. 아무리 원고를 100% 암기했다 하더라도 순간적으로 단어가 생각나지 않으면 얼마든지 당황할 수 있습니다.

미국 LA에서 집회했을 때의 일입니다. 그때 당시만 해도 스페인어가 익숙하지 않아 원고를 우리말로 적곤 했습니다. 그런데 순간적으로 '알렉산더 대왕'을 스페인어로 어떻게 표현해야 하는지 새까맣게 잊어버리고 말았습니다. 몇 분 만 있으면 강단에 올라가서 설교해야 할 사람이 핵심 단어(key word)를 모르니 그때처럼 답답했던 적도 없었습니다.

그러나 감사하게도 제 옆에는 그 교회 담임목사님의 사모님이 앉아 계셨습니다.

"사모님, 실례지만 인류 역사상 가장 유명한 알렉산더를 당신 나라 말로 뭐라고 표현합니까?"

"아! 알레한드로 엘 그란데(Alejandro el Grande)요?"

그 사모님의 경우 저와 같은 설교자로서 설교 한 편에 요구되는 웬만한 성구와 표현에 익숙해 있었습니다. 잘 알려진 성경인물 혹은 지명이라고 할지라도 외국어 성경으로 공부하지 않는 이상 우리식 발음으로 말하는 경우가 있는데, 이로 인해 현지인들이 알아듣지 못하는 경우가 종종 발생하기도 합니다. 그러므로 평소에 마음에 품고 있는 나라의 해당 언어로 된 성경을 꾸준히 읽고 묵상하는 것이 외국어 설교의 기초라고 할 수 있습니다.

외국어 설교를 하다 보면 철저히 원고에 얽매이지 않는 이상 아무리 초보라고 할지라도 원고에 없는 몇 마디는 하게 됩니다. 이런 경우에는 회중과 직접 눈이 마주침으로 더욱 더 반응에 민감하게 되는데, 문법이나 발음에 실수가 있을까봐 자신이 없다 하더라도 슬기롭게 빨리 넘어가는 것이 지혜로운 행동입니다. 자신이 말한 것이 틀렸다는 사실을 아는 순간 그 실수로 설교 전체를 망치는 경우도 있는데, 그럴 필요는 없습니다. 알고 보면, 현지인들조차 문법이나 발음에 정확한 사람은 없습니다.

"원고를 다 외워 갔는데 그 단어가 생각나지 않아서 얼마나 혼났는지 몰라요."

"내 딴에는 웃긴 말이었는데, 현지인들이 전혀 반응을 보이지 않아서 쩔쩔 맸습니다."

이와 같이 위기상황은 끝이 없습니다. 그러나 한번 이렇게 생각해 보십시오. 모르면 회중에게 질문하거나 그냥 넘어가면 그만입니다. 이를 놓고 돌을 던지는 사람은 없습니다. 오히려 한국인으로서 외국에 나가 현지 언어로 설교하는 모습은 현지인들의 입장에서 봤을 때는 굉장히 기특한 것입니다. 그러므로 실수를 해도 용서가 됩니다. 오히려 한국인으로서 현지 언어로 설교한다는 것은 호감이 가는 소식이 아닐 수 없습니다.

우리나라 사람들은 대개 영어공포증에 시달리는데, 그 주된 이유가 발음이라고 생각합니다. 그러나 미국을 포함해서 전 세계적으로 볼 때 영어 발음은 생각보다 굉장히 다양합니다. 영국식 영어 발음, 이탈리아식 영어 발음, 남미식 영어 발음, 아프리카식 영어 발음, 인도식 영어 발음 등 헤아릴 수 없을 정도로 다양한 영어 발음이 존재합니다. 최근에 출시된 구글 (Google) 어플리케이션에도 보면, 호주식 영어, 인도식 영어, 남아프리카식 영어, 영국식 영어 등 다양한 옵션이 있습니다.

그러므로 발음에 목숨 걸지 마십시오. 회중은 우리가 선포하는 메시지를 들으려고 모였지 우리의 외국어 실력을 테스트하려고 모이지 않았습니다. 그러므로 발음과 같은 이차적인 요소보다는 설교의 내용인 일차적인 요소에 신경을 쓰시길 바랍니다.

하나님은 선하시며 그 인자하심이 끝이 없으신 분이시기 때문에 위기상황 속에서도 모든 것이 합력하여 선을 이루게 하실 수 있는 분이십니다. 그러므로 위기상황 속에서도 당황하지 말고 성령의 능력을 의지하십시오.

미국 마이애미(Miami)의 어느 한 신학 대학에서 있었던 일입니다. 채플 시간에 아프리카에서 온 어느 한 흑인 목사님이 강단에 섰습니다. 백인 신학생들은 어설픈 발음과 앞뒤가 맞지 않는 문법을 가지고 잘 안 되는 영어설교를 하는 흑인 목사님의 모습을 보고 배꼽을 잡으며 웃기 시작했습니다. 사실 웃음보다는 영어를 잘 하지 못하는 것에 대한 비웃음이었습니다.

어느새 절제하지 못한 한두 명의 웃음이 온 회중으로 번져 나가 설교자의 말 한마디가 떨어질 때마다 웃음바다가 되었습니다. 이제는 어떤 말을 해도 은혜를 끼칠 수 있는 상황이 아니었습니다. 그러자 그 목사님은 성경을 덮고 이렇게 말했습니다.

"You, white…"(당신들은 백인이고)

"Me, black…"(나는 흑인이지만)

"You, much English…"(당신들은 영어를 잘하고)

"Me, little English…"(나는 영어를 잘 못하지만)

"But, same image of God"(우리 모두는 같은 하나님의 형상을 가지고 있습니다.)

순간 긴장이 맴돌았습니다.

"I count one to ten"(내가 하나에서부터 열을 셀 텐데,)

"And you all receive Holy Spirit"(여러분 모두가 다 성령을 받을 것입니다.)

"One, two, three…"(하나, 둘, 셋…)

강사가 열을 세기도 전에 온 회중 가운데 성령의 불이 임하여 방언을 하며 회개를 하였습니다. 부족한 그의 영어 실력마저 그 안에 있는 성령의 능력을 막지는 못했던 것입니다. 결국 오전 10시에 시작한 채플이 오후 3시가 되어서도 끝나지 않자 그날 모든 수업이 취소되었습니다. 이와 같이 성령의 능력으로 살아가면 인간의 힘으로는 도저히 이룰 수 없는 일들이 나타납니다. 그러므로 위기 상황 속에서도 무엇보다 성령의 능력을 의지하십시오.

제6부

—

선교현장을 떠나
고국에 귀국하기까지

15장
자신만의 국제적 네트워크를 만들라

우리가 살고 있는 시대는 네트워크 시대입니다. 기업들이 합병되고, 단체들이 힘을 모으는 경쟁력 있는 사회입니다. 교회들도 예외가 아니어서 앞으로는 네트워크 사역이 보다 큰 비중을 차지할 전망입니다. 학계에서는 이것을 가리켜 새로운 교단주의(new denominationalism)라고 일컫습니다.

과거에는 국제적 규모의 사역을 하는 대형교회만이 네트워크를 가지고 있었습니다. 그러나 현재에 이르러서는 중소형 교회와 작은 선교단체들도 네트워크 사역을 활발하게 하고 있습니다.

그러므로 선교 현장을 떠나는 순간부터 당신만의 국제적 네트워크를 구성할 것을 생각하십시오. 각 해외집회를 하나님께서 허락하시는 기회라고 생각하고, 자신만의 네트워크를 계속해서 확장하다 보면 언젠가 국제적인 사역을 하고 있는 자신을 보게 될 것입니다.

물론 네트워크 형성에 있어서 가장 큰 걸림돌은 인간을 의지하는 것입니다. '한번 집회를 인도했으니 다음에 또 불러주겠지(?)' 하는 인간적인 기대는 성령의 역사를 현저히 줄어들게 만듭니다.

저는 성령윤리(Ethics of the Holy Spirit)를 나름대로 개발했는데, 이는 모든 사역이 그렇지만 특별히 해외사역에 있어서는 그 어떤 개인적인 이익을 위해 움직이지 않는다는 하나의 서약입니다. 더 많은 사례비, 더 큰 교회, 더 많은 청중 등은 해외집회 여부를 놓고 기도하는 데 있어서 결정적인 요소가 결코 될 수 없다는 것입니다. 성령의 향기가 아닌 인간적인 냄새가 나는 순간 저는 모든 것을 중단하고 모든 일을 없었던 일로 치부합니다. 그래야 마음이 평안합니다.

게다가 네트워크라고 하는 것은 언제까지나 각 교회 혹은 단체의 독립성을 존중하고 수평적인 관계를 유지하면서 하나님 나라의 확장을 목표로 하는 것이지 결단코 타 교회를 자신의 영향력이라는 보호구역에 들어온 수직적인 관계로 보아서는 안 됩니다. 후자의 경우, 이미 네트워크라는 개념과는 상관없는 관료주의적인 주인 행세에 지나지 않습니다.

물론 집회를 인도한 모든 교회 혹은 단체들이 자신과 사역 차원에서 혹은 개인 차원에서 네트워크를 맺는다는 것이 보장되지는 않습니다. 만일 네트워크를 맺는다 해도 형식에 지나지 않는 경우도 많습니다. 그러므로 네트워크 사역을 인간적인 욕구를 채우는 데 사용하지 말고 성령윤리를 철저히 따르면서 오로지 하나님 나라의 확장을 위해 사용해야 할 것입니다. 국제적 네트워크가 결코 인간의 자랑이 되어서는 안 됩니다.

지난 10여 년 동안 강사로 섬기면서 나름대로 터득하여 저 자신에게도 적용한 것을 정리해 보겠습니다.

1. 문(door)의 윤리

"내가 진실로 진실로 네게 이르노니 문을 통하여 양의 우리에 들어가지 아니하고 다른 데로 넘어가는 자는 절도며 강도요 문으로 들어가는 이는 양의 목자라"
(요 10:1-2).

저는 이 개념을 통역 강사로 섬기기 시작했을 때 강단 아래에서 처음으로 접했습니다. 즉, 문과 창문을 구분할 줄 알아야 한다는 것이 대화의 요지였습니다.

국제 사역에 있어서 문(door)이라고 하는 개념은 하나님께서 사람을 통해 어느 한 도시 혹은 나라에 열어 주신 통로입니다. 한국인 목회자로서 필리핀에 가서 집회를 인도할 경우 강사를 초대한 목회자, 교회 혹은 단체가 장차 네트워크 사역을 맺는 데 있어서 문이 되는 것입니다. 이 같은 경우 필리핀에 한해서 말이지요. 향후 필리핀을 방문하는 계기가 생긴다면, 그 문을 통해 그 나라에 들어가는 것이 하나의 윤리가 되는 것입니다. 만일 그렇지 않을 경우 창문으로 들어가게 되는 격이 되므로 도적으로 간주됩니다.

이 때문에 세계적으로 움직이는 주의 종들은 각 대륙별로 혹은 나라별로 코디네이터를 세우는 것을 볼 수 있습니다. 어느 한 도시 혹은 나라로 들어가는 문은 한번 정해지면 특별한 일이 없는 이상 바꾸지 않는 것이 관례이기 때문에 유명한 부흥강사들도 문을 굉장히 조심스레 선택하는 것을 종종 봤습니다.

만일 다른 교회 혹은 단체를 통해 한때 방문했던 도시 혹은 나라를 가게 된다면, 최소한의 예의는 하나님께서 최초로 축복의 통로로 사용하신 문을 존중하고, 조언을 구하며, 사정을 알리는 것입니다. 문을 통하여 들어가지 아니하고 다른 데로 넘어가는 자는 강도라고 하는 예수님의 말씀을 되새길 필요가 있습니다.

문의 윤리만 잘 지켜도 사역의 장수를 보장받을 수 있습니다. 단순한 윤리의식이지만 많은 목회자들이 실패하는 이유가 바로 여기에 있습니다. 저의 경우 사역 초기에는 이런 윤리가 있는지도 몰랐습니다. 그런데 되돌아보니 처음부터 이것을 사역윤리로 삼고 달려온 세월은 하나님의 큰 축복이었습니다.

2. 지속적인 교제를 나누라

대개의 경우 선교 현장을 떠나면 기억에서 사라지는 것이 일반적입니다. 그러면 네트워크를 이루는 데 있어서 큰 장애가 됩니다. 따라서 기억이 생생하게 날 때 교제를 나누는 것이 좋습니다.

이를 위해 가장 좋은 방법은 감사의 글을 보내는 것입니다. 이때 감사의 이유를 조목조목 정리해서 보내 주면 주최 측에서 큰 보람을 느끼게 됩니다.

단체일 경우에는 주최 측의 대표 목사님, 교회일 경우에는 담임 목사님의 개인 이메일을 요구하십시오. 그 이유는 목회자들은 대개 사역을 위해 사용하는 이메일 주소와 사적인 일로 사용하는 이메일 주소가 다르기 때문입니다. 이런 부탁에는 메시지가 들어 있습니다.

"나는 목사님을 존경합니다."

"사역에 있어서 나의 친구가 되어 주세요."

"앞으로 지속적인 교제를 나누면 참 좋겠습니다."

코이노니아는 강단 위에서 이루어지는 것이 아니라, 강단 아래서 이루어집니다. 그러므로 사역자가 아닌 한 인간으로서 그를 존중하고 교제를 나눈다고 하는 것은 큰 의미가 있습니다. 이를 거부할 사람은 없다고 봅니다.

또한 단번에 감사의 글을 보내는 것으로 교제를 단절시키지 않기 위해서는 작은 선물이나 1년에 한번 정도는 축복의 글을 써서 보낼 것을 권합니다.

우리 한국인들은 정의 문화를 가지고 있으므로 작은 것이라도 나눠주는 따뜻한 민족입니다. 저는 출국 전에 여행용 가방에 우리나라를 대표할 만한 작은 선물을 준비합니다. 손님을 맞이하는 외국인의 눈에는 이런 배려가 굉장히 신기하고 환영받을 만한 일입니다. 미처 준비하지 못했을 경우, 요즘은 국제화 시대이기 때문에 그 도시 혹은 나라의 한인 타운을 가장 먼저 찾아가 선물을 별도로 구입합니다.

평범한 목회를 하면서 어쩌면 저명한 대형교회들 혹은 선교단체들이 갖고 있는 국제적 네트워크를 가지지 못할지도 모릅니다. 그러나 우리가 살고 있는 이 시대에는 얼마든지 자신만의 경쟁력 있는 네트워크를 구성할 수 있습니다. 이 네트워크를 자신의 자랑이 아닌 하나님 나라의 확장을 위해 사용할 때 해외사역을 이루는 데 있어 귀한 도구가 될 것입니다.

16장
외국어로 책을 발간하라

해외선교는 집회에 국한되어 있지 않습니다. 종교개혁이 당시 유럽에 그만한 파장을 일으킬 수 있었던 것은 인쇄 기술이 발달해 있었기 때문입니다. 그러므로 문서사역은 세계선교를 이루는 데 지름길이라고 할 수 있습니다.

외국어 설교에서 생략할 수 없는 준비과정은 외국어 설교 원고입니다. 그 원고는 주옥과도 같은 소중한 자료입니다. 이유인즉, 그런 설교 한두 편이 모여 책 한 권이 완성되기 때문입니다.

저는 기독교 전문 번역가로서 그동안 30여 권의 책을 발간했습니다. 이런 사실을 알고서 여러 목사님들이 자신의 책도 스페인어로 번역되었으면 좋겠다는 의사를 밝혀 왔습니다. 이는 그만큼 문서사역의 영향력이 얼마나 대단한가를 재확인하는 계기가 되었습니다.

안타깝게도 많은 목회자들이 문서사역의 중요성을 인식하지 못한 채 외국어로 된 설교 원고마저 두 번 다시 쳐다보지도 않는 경향이 있습니다. 혹은 지나치게 인간적인 욕심을 앞세워 국내의 인쇄소를 통해 자비로 출판하는 경우도 종종 보게 됩니다.

자비 출판은 자기만족을 줄 수는 있어도 현지인들의 입장에서 볼 때에는 큰 영향력이 없습니다. 왜냐하면 현재 활동하고 있는 현지 출판사를 통해서 나온 출판물이 아닐뿐더러 현지에 공식적으로 등록된 상품도 아니기 때문에 홍보에서부터 시작하여 유통에 이르기까지 일반 소비자들이 알 수 없기 때문입니다.

자비 출판의 또 다른 제한점은 원고의 질을 보장받을 수 없다는 것입니다. 교정을 제대로 거치지 않은 원고이기에 과연 이 책이 경쟁력이 있는지도 객관적인 평가가 불가능합니다.

그러므로 문서사역의 뜻이 있다면 다음과 같은 방법을 모색해 보십시오.

1. 원고를 교정하라

책을 집필하는 데 주된 재료는 몇 편의 설교 원고가 될 것입니다. 그러나 이를 하나로 묶을 수 있는 대주제를 정해서 가지를 치는 과정을 거쳐야 책의 줄기를 잡을 수 있습니다.

여기서 중요한 것은 경쟁력 있는 메시지입니다. 일차적으로 책이 출판되기 위해서는 자신만의 경쟁력 있는 메시지가 절대적으로 필요합니다. 역서를 내기 시작하면서부터 저는 언젠가 제 책을 출판하고 싶은 꿈에 부풀어 있었습니다. 하루는 현지 출판사 사장님에게 이런 제 소원을 말했더니 따끔한 충고를 던져 주었습니다.

"전도사님, 당신이 생각해야 할 것은 단 한 가지입니다."

"전도사님의 입장에서 생각하지 말고 현지인 독자들의 입장에서 생각해 보십시오."

"그들이 다른 유명한 저자들을 제쳐 두고 한국의 젊고 무명인 저자의 책을 어떤 이유에서 같은 돈을 주고 구입해야 하느냐 하는 것입니다."

생각해 보니 그분의 말씀이 옳았습니다. 같은 거액을 투자해야 책을 발간할 수 있는데, 기왕이면 유명한 저자의 책을 시장에 내놓지 왜 기본 투자액도 못 찾을 무명 저자에게 모험을 하겠느냐 하는 것이었습니다.

조용기 목사님의 서적을 스페인어로 번역 및 발간하는 사역을 하고 있던 저는 조 목사님의 목회철학을 리더십의 관점에서 정리한 글을 쓰고 싶다는 소원을 품게 되었고, 조 목사님의 특별한 배려로 남미 상황에 맞게 조 목사님의 리더십을 학문적으로 분석한 책을 집필하게 되었습니다. 이렇게 해서 조용기 목사님과 저의 공동저작물인 『4차원의 리더십』(Liderazgo de la Cuarta Dimension)이 세상에서 빛을 보았습니다.

어떻게 하다 보니 스페인어 권에서는 4차원의 영성 전문가로 알려지게 되어 이 주제로 계속해서 글을 쓰게 되었습니다. 그리고 스페인어권 출판 시장에는 어느새 조용기 목사님 이후로 한국인으로서는 최초로 베스트셀러 작가로 인정받기도 했습니다.

비밀은 경쟁력 있는 메시지입니다. 그러므로 경쟁력 있는 책을 만들기 위해서는 경쟁력 있는 외국어 설교를 해야 합니다. 설교와 책은 불가분의 관계입니다.

2. 현지 출판사로부터 객관적인 평가를 받으라

선교는 언제까지나 타인의 축복을 위한 것이지 우리의 만족을 위한 것이 아닙니다. 책도 마찬가지입니다. 그러므로 앞서 말씀드린 바와 같이 자비 출판은 가급적 피하고 현지에서 활동하고 있는 공식적인 출판사에 원고를 의뢰하여 객관적인 평가를 받는 것이 바람직합니다.

저자의 입장에서는 지금 당장 계약을 맺어 현지 크리스천들 가운데 건전한 센세이션을 일으키는 환상을 갖는 것은 어찌 보면 당연합니다. 그러나 전 세계의 저자들의 책을 동시에 보고 평가하고 출간 여부를 판단하는 현지 출판사의 입장에서 볼 때에 자신의 원고에 대한 객관적인 평가 없이 어떤 이익 관계에 치우쳐서 결정할 수는 없습니다.

여기서 중요한 것은 국제적 코드입니다. 우리나라의 주옥과도 같은 책들이 외국에서 성공하지 못하거나 아예 출판 고려 대상 자체가 안 되는 이유는 국제적 코드의 부재입니다. 제가 조용기 목사님의 책을 번역하면서 배운 것은 조 목사님의 책들은 하나같이 국제적 코드에 맞는다는 것입니다. 즉, 어떤 사회나 문화 연령층에도 말이 통한다는 것입니다. 이에 반하여 혹시나 번역을 고려하여 다른 저자들의 책을 훑어보면 한국적인 상황이 너무 짙으므로 현지인들 가운데 내놓기에는 문제가 있는 원고가 대다수입니다. 미안한 이야기이지만, 국제적인 안목으로 볼 때 경쟁력이 없는 원고입니다.

출판사로부터 객관적인 평가를 받으면 출간 여부를 떠나 수정사항을 원고에 반드시 반영하십시오. 진정한 선교가 자신을 위한 것이 아니라 타인을 위한 것이라면 언제까지나 현지인 독자들의 입장에서 볼 때 꼭 필요한 글이 되어야 합니다.

3. 다른 언어로 번역하라

이 책이 외국어 설교를 다루고 있는 이유는 세계선교는 영어 설교를 통해서만 이루어질 수 없다고 하는 결론 때문입니다. 물론 영어가 세계 공용어인 것을 부인할 사람은 많지 않을 것이며, 영어가 지니고 있는 막강한 영향력을 부인하고 싶지도 않습니다.

그러나 세계는 보다 다양합니다. 많은 분들은 자신의 책이 영어로 출간되기를 바라는데, 제2의 언어를 생각하는 것은 어떨는지요? 요즘에 가장 많이 떠오르고 있는 언어가 바로 중국어와 스페인어입니다.

전 세계 인구의 17%가 중국어를 모국어로 사용하고 있습니다. 또한 영어 다음으로 전 세계적으로 영향력 있는 언어로 떠오르고 있는 언어가 스페인어입니다. 영어 다음으로 전 세계의 약 6%가 스페인어를 구사하는데, 미국을 다녀오신 분들은 5천만 명이라는 라틴계 미국인들이 있다고 하는 소식에 놀라셨을 것입니다.

지금은 지구촌 시대이기 때문에 어떤 언어로 출간하든지 간에 탁월하다고 평가받는 책은 순식간에 다른 나라말로 번역되어 출간됩니다. 지금도 전 세계의 각 출판사들은 좋은 책이 어디 없나 하며 번역물을 찾고 있습니다. 그러므로 당신의 사역을 외국어 설교에만 국한시키지 말고 문서사역을 통해 전 세계로 무대를 확장시키십시오. 책은 내가 갈 수 없는 생각지도 못한 곳을 찾아갑니다. 또한 번역이라는 경로를 통해 전 세계를 품을 수 있습니다. 그러므로 외국어 설교에 반드시 따라야 할 사역이 바로 문서사역입니다. 당신의 책이 외국어로 번역되어 세상에 빛을 보는 순간 멀리서나마 기립박수를 보내드리겠습니다.

17장
자신을 업그레이드하라

목회자에게는 끊임없는 자기계발이 요구됩니다. 다른 직업과는 달리 목회자는 자기 관리를 어떻게 하느냐에 따라 자신만의 시간이 늘어날 수 있기 때문에 매일 새로운 것을 접하여 자신을 업그레이드하지 않으면 국제무대에서 인정받기가 어렵습니다.

이런 의미에서 이제 한국교회에 있어서 해외선교는 필수사역이라고 할 수 있습니다. 정확히 말하자면, 한국교회는 세계선교를 통해 업그레이드해야만 합니다. 세계는 한국교회가 하는 말에 귀를 기울일 준비가 되어 있습니다.

그러므로 목회자는 목회현장을 소홀히 하지 않으면서도 동시에 선교현장에서 일어나고 있는 일들을 예의주시해야 합니다. 세계선교는 목회사역의 시각을 넓혀 주고, 교회의 존재의식을 일깨워 주며, 무엇보다 영혼구원에 대한 열정이 시들지 않게 만들어 줍니다.

그러므로 해외선교를 함으로써 온 교회를 선교의 분위기로 만드십시오. 제가 시무하는 교회 입구에는 작은 헌금함이 있습니다. 여러 현지인 지교회를 개척함으로써 선교에 박차를 가하고 있지만, 별도의 헌금함이 마련된 이유는 바로 세계선교의 정신 때문입니다. 모금되는 헌금은 앞으로 전 세계를 주께로 인도할 신실한 주의 종들을 후원하는 데 쓰이고 있습니다. 세계선교의 정신은 모든 크리스천과 교회에서 필요한 것이며 주님의 명령입니다.

감리교의 창시자 요한 웨슬리(John Wesley)가 말한 것처럼 전 세계가 우리의 교구가 아닐 수 없습니다. 이 명제가 사실이라면 우리는 세계를 좀 더 연구할 필요가 있습니다. 의외로 우리는 세계를 잘 모릅니다. 알고 보면, 우리나라처럼 잘 사는 나라도 드물 것입니다. 대체적으로 해외는 가난합니다. 선교현장의 영적전투는 위험합니다. 모든 해외집회가 화려한 건물에 수천 명이 모이는 성회가 될 수는 없습니다.

외국어 설교는 그리스도의 몸을 향한 섬김입니다. 그런 의미에서 많은 목회자들은 강단이라고 하는 화려한 곳에서 내려와야 합니다. 낮은 곳으로 내려올 때 비로소 사람들의 실제적인 삶의 현장과 부딪힐 수 있습니다. 하늘의 모든 영광을 버리고 사람의 냄새가 나는 곳에 우리 주님께서는 인간의 몸을 입고 내려오셨습니다.

외국어 설교는 전 세계 기독교의 흐름을 파악하는 데 훌륭한 길잡이

가 되기도 합니다. 어떻게 보면 우리가 그토록 열변을 토하면서 논쟁했던 신학적인 주제들이 선교현장에 나가는 순간 물거품이 될지도 모릅니다. 그러므로 현장 감각을 갖기 위해서 최소한 1년에 1회라도 해외에 나가 외국어로 설교할 것을 권합니다.

많은 이들이 영어 설교를 고집합니다. 물론 영어 설교를 하면 생각지도 못한 넓은 세계가 펼쳐지는 것은 사실입니다. 영어 설교를 하지 못해 국내에 사역이 국한된 목회자들이 의외로 많습니다.

그러나 영어는 기본이고 요즘에는 제2외국어를 하지 않으면 안 되는 시대가 왔습니다. 영어로 설교할 수 있다면 이제부터는 제2외국어로 설교할 것을 마음에 품으십시오. 더 넓은 세계가 펼쳐질 것입니다.

저는 그동안 스페인어 설교 하나면 충분하다고 생각했습니다. 통역 설교의 중요성을 알고 있었기에 다른 언어를 익히는 것은 시간낭비라고 생각했던 것입니다. 그런데 얼마 전부터 영어 설교라고 하는 한때 접었던 꿈을 다시 품기 시작했습니다. 놀랍게도 영어 설교의 꿈을 다시 품기 시작한 순간 영국 웨일즈에서 집회 요청이 들어왔습니다. 1900년 대 초반 에반 로버츠(Evan Roberts)가 놀라운 부흥을 일으킨 바로 그 현장에서 말입니다.

또한 최근에는 온라인 집회를 하기 시작했습니다. 어떻게 하면 목회에 충실하면서도 해외사역을 병행할 수 있나 생각하던 찰나에 하나님께서 여러 롤 모델들을 보여 주셨고, 이로써 인터넷을 통해 주의 복음을 증거하게 된 것입니다. 예상대로 온라인 집회는 더욱 많은 양의 외국어 설교를 할 수 있는 문을 열어 주었습니다.

자신을 업그레이드하는 만큼 쓰임받을 수 있습니다. 많은 사람들은 이구동성으로 '만일 조용기 목사님께서 영어 설교를 하지 못하셨더라면 그토록 크게 쓰임받을 수 있었을까?'라고 생각합니다. 그러므로 자신을 끊임없이 업그레이드하십시오. 지금의 상황에서 만족하지 말고 더 넓은 세계를 보여 달라고 하나님께 간구하십시오. 21세기는 업그레이드를 하는 사람만이 살아남을 수 있습니다.

저자 후기

외국어 설교의 가장 큰 걸림돌은 두려움입니다. 우리말로도 잘하지 못하는 설교를 어떻게 익숙하지 않은 외국어로 하느냐는 것입니다. 그러나 외국어 한 마디 못하는 평범한 목회자일지라도 "너희는 온 천하에 다니며 만민에게 복음을 전파하라"(막 16:15)고 하신 예수님의 지상명령을 지키고자 하는 마음만 있다면, 당신도 할 수 있습니다. 한마디로, 하면 됩니다.

세계선교는 은사가 아닙니다. 외국어 설교라고 하는 주제에 대해서 글을 쓰게 된 것도 제게 남다른 국제 감각이 있기 때문이 아닙니다. 외국어 설교는 주님의 지상명령에 내포되어 있습니다. 간단하게 생각해 보십시오. 외국인들에게 복음을 증거해야 하는데 우리말로는 할 수 없는 노릇이지 않습니까?

시편 2편 8절을 보십시오. "내게 구하라 내가 이방 나라를 네 유업으로 주리니 네 소유가 땅끝까지 이르리로다."

전 세계로 확장된 한류 열풍에는 한 가지 특징이 있습니다. 그것은 가장 한국적인 상품을 소개하면서도 짧게나마 외국어로 소통한다는 것입니다. 모든 연예인들과 가수들이 외국어를 완벽하게 구사하지는 못합니다. 그러나 외국어로 짤막한 인사 또는 가사를 암기하여 무대에 오릅니다.

외국어 설교도 같은 이치입니다. 고등학교에서 배우는 외국어 수준이면 웬만한 외국어 설교는 다 할 수 있습니다. 설교는 일방적 커뮤니케이션이라는 특징이 있습니다. 다시 말해, 설교 도중에 회중 가운데 누가 알아듣지 못했다고 해서 설교를 중단시키고 질문하는 일은 없습니다. 그러므로 준비만 잘하면 누구나 할 수 있는 것이 외국어 설교입니다.

사람에게는 누구나 취미가 있습니다. 사역에도 취미가 있습니다. 저의 경우, 하나님의 일을 하면서 가장 짜릿한 순간은 해외 집회를 위해 비행기를 타고 이륙하는 순간입니다. 이럴 때면 내 영혼의 가장 깊은 곳으로부터 이런 함성이 들리는 듯합니다.

"바로 이거다!"

우리 주님은 2천 년 전에 베들레헴이라고 하는 작은 동네에 인간의 몸을 입고 오셨습니다. 그리고 중심지인 부유한 예루살렘이 아닌 가난한 갈릴리 주변에서 사역하셨습니다. 마침내 인류의 모든 죄를 사하시기 위해서 갈보리 언덕 위에서 십자가를 지시고 피를 흘리시고 숨을 거두셨습니다. 그리고 삼일 만에 부활하셔서 우리 모두에게 구원의 희망을 주셨습니다.

소박하게 보였던 그분은 다름 아닌 온 우주의 창조자이신 요드(Y), 헤이(H), 바우(W), 헤이(H)의 형상이었습니다. 바로 그분이 만세 전에 부족한 저를 선택하시고 주의 종으로 부르셔서 거룩한 일을 하게 하신 것도 감사한데, 해외에 나가 주의 복음을 증거하는 일에 저를 통촉하시고 염두에 두시고 쓰신다는 것을 생각할 때마다 감사의 눈물로 영광을 드릴 수밖에 없습니다.

외국어 설교, 하면 됩니다.